中公新書 2785

金子 拓著

長篠合戦

鉄砲戦の虚像と実像

中央公論新社刊

はじめに

天正《てんしょう》三年（一五七五）五月二十一日、三河国《みかわのくに》の長篠城《ながしの》および有海原《あるみはら》（いずれも愛知県新城市）において、武田勝頼《たけだかつより》率いる軍勢と、織田信長《おだのぶなが》・徳川家康《とくがわいえやす》が率いる軍勢が激突した。「長篠合戦」である。

長篠合戦といえば、〝織田・徳川軍が鉄砲によって武田騎馬隊を撃退した戦い〟として一般的に知られている。戦国時代の合戦、織田信長の合戦のなかでも、誰もが知るきわめて著名ないくさといってよい。それは鉄砲を用いたいくさ（いわば鉄砲戦《いくさ》）であるということが大きいようであり、とりわけ、信長が武田軍騎馬隊の攻撃を防ぐための柵《さく》（馬防柵《ばぼうさく》）を設置し、その内側に鉄砲隊を三列に並べ、列ごとに交替することで玉込めによる時間的空白を埋めて連続射撃を可能にした結果、向かってくる武田軍を潰滅《かいめつ》させたというあざやかな戦いぶりが、絵画史料（合戦図屏風《かっせんずびょうぶ》）や小説・映像などによって浸透し、強烈な印象として刻まれたことによると思われる。

長篠合戦をさかのぼること約三十年前に日本に伝来した火器である鉄砲を効果的に用い、戦国合戦のあり方を一変させ、戦術革命をもたらしたいくさ、また、信長だからこそ可能であったとするような、彼の軍事的天才ぶりを発揮したいくさとして、揺るぎない歴史像を構築していた。

ところが織田・徳川軍による鉄砲の交替射撃（いわゆる〝三段撃ち〟）は、後世の軍記が創作した虚構であるという指摘が、早くからなされていた。この説を提唱した研究者たちによる粘り強い研究とその進展にともない、この戦術は現在ではほぼ否定されるに至っている。

いっぽう、戦国大名武田氏の研究もいちじるしい進展をみせており、ことに長篠合戦に関しては、騎馬隊による無謀な突撃といった戦い方をしたとみられがちな武田軍のあり方について、そもそも「騎馬隊」などは存在しなかったという説も提唱され、議論になっている。そうなった以上、長篠合戦をめぐる史料の再検討と、合戦像の再構築は大きな課題となるだろう。

わたしは、東京大学史料編纂所《しりょうへんさんじょ》において編年史料集『大日本史料《だいにほんしりょう》』第十編（いわゆる信長の時代）の編纂を担当し、先般、長篠合戦当日の冊（第三十冊）の刊行に至った。編纂の過程で、最近の研究の進展に学びながら、長篠合戦に関わる多くの史料を収集し、同僚とともにこれを読解して活字化する作業をおこなった。その結果、長篠合戦において織田・徳川軍が勝利した原因を解明するためには、鉄砲や騎馬をめぐる戦術だけでなく、このいくさに至った過程を重視し、そのなかでなぜ織田・徳川軍があのような戦法を採るに至ったのかを追究することが必要だと考えた。そのうえで新たな長篠合戦像を描くようになった。

このようなわたしの長篠合戦論は、旧著『長篠の戦い　信長が打ち砕いた勝頼の〝覇権〟』や概論「長篠の戦い」（堀新・井上泰至編『信長徹底解読　ここまでわかった本当の姿』）などにおいてすでに公表している。

もっとも、旧著はいわゆる図版本位の叢書《そうしょ》として、原稿用紙百枚程度で合戦の経過を概説した内容であった。概論は旧著をさらに縮約して述べた内容である。また、その後の史料集編纂の過程で、長篠合戦に関わる史料を読んだ結果、冒頭に述べたような一般的な長篠合戦像が、いつ頃に成立したどのような史料から流れこんだすえに形成されたのか、おおよその見取り図をつかむことができたと感じている。

そこで本書は、わたしの長篠合戦論の総決算を意図したい。

第一章では、多くの人びとが頭に思い描くであろう長篠合戦の経過を素描する。ここでは、専門家が書いた論文や通史叙述・教科書叙述、また一般に浸透した小説や映像にも目配りし、最大公約数としての一般的な合戦像をたどる。これまで長篠合戦はどのようないくさとして理解されてきたのかを確認したい。

第二章では、このいくさに大将として軍勢を指揮した当事者である武田勝頼・織田信長・徳川家康の三人に視点を定め、それぞれの立場から、どういった事情や歴史的背景から、なぜこのようないくさになったのかを考える。ここでは、どのような流れにより長篠合戦というできごとにたち至ったのか、時間的な幅を少し広くとってみてゆくことで、その疑問をできるかぎり明らかにしたい。

第三章では、長篠合戦について書かれた史料の森に分け入る。まずは、このいくさに参加した当事者や、その周辺にあった同時代人が記した記録、彼らとおなじ時代の空気を吸った、戦国時代から江戸時代初期にかけての人びとが残した記録など、比較的時間的距離の近い時期に成立した史料のなかに、長篠合戦がどのように描かれているのかをみる。

次に、長篠合戦に勝利した側である徳川氏の世の中となった江戸時代、長篠合戦というできごとが、軍記物語や幕府の編纂した歴史書などのなかでどのように語られ、いくさのありさまがどのように変容していったのかをたどってみたい。

つまりこの章では、長篠合戦の史実解明から距離を置き、これまで自分たちが知っている長篠合戦像について語る史料をたしかめ、そうした合戦像がかたちづくられる経緯を明らかにするのが目的となる。同時代の人びと、あるいはそのあとの時代の人びとにとって、長篠合戦がどのようないくさとして認識され、その認識がどのように変化していったのかを考えることになる。

第四章では、そうして江戸時代において徐々にできあがってきた長篠合戦像が様変わりしてゆく様子をみてゆく。

まずは、合戦に大きな手柄を挙げたふたつの家で作成された記録に注目する。ひとつは、織田・徳川軍勝利のきっかけとなった鳶《とびの》巣《す》山《やまとりで》砦攻めの総大将を任された酒井《さかい》忠次《ただつぐ》の後裔《こうえい》酒井氏、いまひとつは、有海原での激突の前に焦点となっていた長篠城を死守した奥平氏である。このふたつの家を中心に、そのほかの家も含め、父祖が長篠合戦においていかなる手柄を立てたと子孫たちが伝えたのか、それらの情報がどのような過程を経て吟味され、世の中に流布したのかを、少し詳しく検討する。

最後に、長篠合戦の様子を描いた絵画史料である長篠合戦図屏風を取りあげる。どのような時代の流れのなかで屏風が描かれたのか、屏風ではいくさの様子はどのように描かれているのか。絵画によって視覚化されたという意味で、そこに描かれたいくさの姿は、文字や口承によって語り伝えられた合戦像以上に、観《み》る者に強い影響を与えたと考えられる。

第三章と第四章は、これまで長篠合戦を論じてきた本ではあまり取りあげられてこなかった視角である。ここでおこなうのは、現代のわたしたちが抱いていた長篠合戦像をかたちづくるもとになった史料を確認する、いわば、合戦像を彩ってきた歴史の皮膜を一枚一枚剝《は》がし、その皮膜がどのようなものであるのかをたしかめる作業である。

天正三年（一五七五）五月二十一日に起こった長篠合戦というできごとについて、当事者から後世の人びとまで、たくさんの人たちが様々な語りを伝えてきた。それら語りの皮膜が何層にも重なったすえに自分たちの長篠合戦像があることを、これらの章を通じて感じてほしい。

終章では、そうした皮膜を取り去った結果みえてきた長篠合戦の実像について、第二章での考察もまじえながら、あらためて叙述を試みる。また、長篠合戦が、とくに勝者となった家康・信長のその後の行動にいかなる影響を与えたのかも簡単に述べる。

引用史料は可能なかぎり現代語訳で示した（一部読み下したり、片仮名交じりの表記を平仮名交じりにしたものもある）。史料の典拠についてはその都度示したが、巻末にまとめている。おおよそは『大日本史料』第十編之二十九・三十の二冊に収められている。言及した人名には敬称は付さなかった。また歴史的な人名の読みについては、当時の史料では明らかでないことが多い。本書では、読者の便宜を考え、わたしの推測により読み仮名を振った場合がある。あらかじめご了解をいただきたい。

目次

第二章　両軍激突
——大将たちの長篠合戦

第三章　鉄砲戦の幻影
――つくられる長篠合戦

第四章　彩られるいくさの記憶
――ひろまる長篠合戦

長篠合戦

第一章　織田信長の革新的戦術
――これまでの長篠合戦

1　長篠合戦はどういういくさとされているのか

教科書の説明

長篠合戦と聞いて知らない人はほとんどいないのではあるまいか。長篠合戦は戦国合戦のなかでもそれほど著名ないくさだ、という意味である。

歴史用語としての「長篠合戦」は、高等学校日本史Bの現行全八種の教科書すべてに登場する。日本史の用語集には、「1575（天正3）年、三河長篠で信長・家康の連合軍が武田勝頼軍を破った戦い。馬防柵を組んだ足軽《あしがる》鉄砲隊の一斉射撃で、武田の騎馬隊を大敗させた」とある（『日本史用語集 改訂版』）。もとより全員が高校で日本史を選択するわけではないが、それであっても、このいくさをひと言であらわせと問われれば、大半の人が「鉄砲」

と答えるであろうことが予想できる。

教科書本文では、「鉄砲を大量に用いた戦法で、騎馬隊を中心とする強敵武田勝頼の軍に大勝し」（『詳説日本史B』）、「甲斐《かい》の武田勝頼を大量の鉄砲をたくみに使った集団戦法でやぶった」（『新選日本史B』）、「信長と徳川家康は、鉄砲を活用して信玄《しんげん》の子武田勝頼を討ちやぶった」（『高校日本史B新訂版』）のように説明される。そこにはいずれにも「長篠合戦図屏風《びょうぶ》」が図版として掲載されており（右に引用した三種とも徳川美術館所蔵本）、このいくさの様子が絵としても示され、視覚的にも理解されるようになる。

「騎馬隊」「中心」の武田勝頼軍に対し、織田・徳川軍が鉄砲を「大量に」「たくみに」「活用して」「集団戦法で」勝利したいくさ。これが、高等教育において教わる長篠合戦像の骨格である。

日本史辞典の説明

それでは、比較的項目数の多い日本史辞典類では、長篠合戦はどのように説明されているのであろうか。

『国史大辞典』（吉川弘文館）の「長篠の戦」項は、図版（長篠合戦図屏風）を含めれば一頁強を占め、文字数でいえば約三二〇〇字という多くの分量を費やしている（執筆者山本博文）。

その分量からわかるように、ここでは、合戦当日の経過だけでなく、その前々年の天正元年（一五七三）に徳川家康が長篠城を武田方から奪ったあと、武田方による攻撃の様子と、その結果どのような経緯をたどって有海原《あるみはら》で両軍が激突するに至ったのかという流れを簡潔にまとめたうえで、事前の両軍の布陣や、当日の戦い方の特徴、このいくさの歴史的意義、このいくさについて語る史料とその信頼度などが詳細に述べられている。

長篠合戦がどのようないくさであったのか、これまでの研究をふまえ、その時点での認識がまとめられている。とりわけ、長篠合戦を知るために依拠すべき史料の指摘とその解説はこの記事の大きな特色である。このいくさに関心を持ち、史料にはどのように記されているのかをたしかめたいと思った人の指針となりうる内容である。

しかし、現在の研究状況から考えると問題も多くある。問題点を指摘する前に、『日本史大事典』（平凡社）の記事を確認しよう（執筆者笹本正治）。『国史大辞典』の記事にくらべて短いので、こちらは全文を引用したい。

一五七五年（天正三）五月二十一日に織田信長・徳川家康の連合軍が武田勝頼の軍を三河の設楽原《したらがはら》（現愛知県新城市）で破った合戦。武田信玄の没後、家康が長篠城を取り返したので、勝頼は前年に遠江高天神城《とおとうみたかてんじん》を陥れた勢いに乗り、七五年四月二十一日約一万（兵員数には諸説がある）の軍勢で長篠城を囲んだ。五月十五日鳥居強右衛門《とりいすねえもん》を使者にしての城主奥平信昌《おくだいらのぶまさ》の請いにより、勝頼軍の約三倍の兵員で家康・信長の連合軍が救援に赴き、長篠城の西約二キロメートルの設楽原で連吾川《れんごがわ》を前にして三重の馬防柵を築き、三〇〇〇挺《ちょう》の鉄砲を配備して武田勢を待った。これに対し武田勢は午前六時ごろより午後二時ごろまで騎馬隊による突撃を繰り返したが、柵に阻まれて敵陣に入ることができず、しかも鉄砲の一斉射撃を浴びて壊滅的な打撃を受けた。連合軍の戦術は、大きな合戦での鉄砲使用ということで画期的なものであり、以後の戦争に大きな影響を与えた。武田氏はこの敗戦で衰退に向かった。

やはり長篠合戦の二年前（信玄没後）から説きおこし、長篠城の包囲から有海原での激突、両軍の戦い方とその結果、またこのいくさの歴史的意義について過不足なく解説がなされている。ここに述べられたような内容が、長篠合戦についての従来の見方であるといってよいだろう。またこれは、現在においても〝一般的見解〟であるといっても過言ではない。

なおここで、合戦の名称および戦場の名称について述べておく。本書の書名とした長篠合戦は、長篠城をめぐる戦いと、その西に位置する有海原での野戦を合わせた総称である。すでに江戸時代から、このいくさは「長篠合戦」と呼ばれている。

野戦がおこなわれた場所を「設楽原」とし、現在では長篠・設楽原合戦のように呼ぶ場合もある。この地域を設楽原と呼んだのは江戸時代中期に成立した『総見記《そうけんき》』が最初とされている。しかしこのいくさに関する重要史料である太田牛一《おおたぎゅういち》の『信長記《しんちょうき》』（『信長公記《しんちょうこうき》』とも）や『三河物語』は、戦場を「あるみ（有海）原」と呼んでいる。有海原は、より正確にいえば、長篠城の寒狭川《かんさがわ》を挟んだ対岸地域を指す。しかし西から進んできた織田軍が、長篠城の手前にある地域全体を当時有海原と呼んでいたから、『信長記』にこう記されたのだろうと考えられている（藤本正行『長篠の戦い』）。本書でもこれに従い、野戦がおこなわれた地域を有海原と呼ぶことにしたい。

従来の見解の問題点

さて、右のふたつの辞典で述べられた長篠合戦での戦い方や歴史的意義に関する内容の要点をまとめると、次の五点になろうか。

①このいくさにより、織田・徳川・武田三氏の勢力関係が一変したこと。
②鉄砲の組織的活用の画期であったこと。
③三列編制による連続（輪番）射撃がおこなわれたこと。
④この戦術がいくさの方法に大きな影響を与えた（騎馬から鉄砲主体へと変化した）こと。
⑤信長はあらかじめこの戦法を考えていたこと。

①は、『日本史大事典』では、むすびにある「武田氏はこの敗戦で衰退に向かった」という指摘にあたる。『国史大辞典』にも「以後（勝頼は）衰勢を盛り返すことはできず」とある。武田氏は天正十年（一五八二）に滅ぼされることになるが、長篠合戦をきっかけに、滅

亡まで下り坂を転がる一方だった、というわけである。

しかしこの考え方はあらためられつつある。勝頼は決しておろかな大名であったわけではなく、長篠合戦にて大敗北を喫したあと、権力の立て直しを図り、それがある程度成功していたことが明らかにされているのである（丸島和洋『武田勝頼』）。

たとえば、いくさで重臣層を多く失ったため、彼らに任されていた重要な地域や城の支配を比較的若い世代の家臣に継承させた。この人選は、重臣層の討死が逆に作用し、ほぼ勝頼の考えるとおりの政策が実行できたという。

また外交政策でも、それまで敵対していた上杉謙信《うえすぎけんしん》と和睦《わぼく》したり、北条氏政《ほうじょううじまさ》との同盟を強化したりした。天正四年（一五七六）に室町将軍足利義昭《あしかがよしあき》が毛利輝元《もうりてるもと》の領国である備後《びんご》の鞆《とも》（広島県福山市）に入り、義昭の呼びかけによって信長包囲網が再構築されることになるが、勝頼もそこにくわわり、毛利家との連携も図ったという。「勝頼は長篠以後の軍事的劣勢を、外交により挽回《ばんかい》することに成功した」のである。

次章で述べるように、長篠での敗北直後は、それまで保持していた美濃《みの》や遠江・駿河《するが》の城を奪われることもあったが、かならずしも一方的な下り坂ではなかった、というのが近年の評価である。

次に②から⑤で述べられる長篠合戦の戦術的側面、とくに③にあるような、鉄砲を用いたいくさのやり方についての問題を考えよう。この点にもっとも批判が集まり、また論争にもなっている。

具体的な戦術である③の、これこそが信長が編み出した〝革新的〟な戦術といわれる三列編制による連続（輪番）射撃については、鈴木眞哉と藤本正行による批判がある。織田・徳川軍が準備した三千挺の鉄砲を、千挺ずつ三隊（三列）に編制し、列ごとに交替することにより、火縄銃の玉込めによる時間的空白を埋めて連続射撃を可能にした結果、向かってくる武田軍を潰滅させたというのが連続射撃説である。この戦術は俗に〝三千挺三段撃ち〟とも呼ばれている。

藤本は、火縄銃の弾薬の装填《そうてん》技術には個人差があることや、集団訓練がなされていない臨時編制の部隊において、千人に一斉に射撃命令をかけることの非現実性を指摘する（藤本『信長の戦争』ほか）。そもそもここで拠《よ》るべき史料である太田牛一の『信長記』では、ふたつの自筆本の本文がそれぞれ「千挺ばかり」「三千挺ばかり」と異なっており、挺数も「ばかり」と概数表現になっていてはっきりしないということも、有力な論拠である。

興味深いのは、藤本が三千挺三段撃ち説に疑念を投げかけたのが、一九七五年であったということだ。おなじ年に鈴木も同様に疑問を表明する論考を発表し、藤本は一九八〇年にあらためてこの説を全面的に否定した（藤本『長篠の戦い』に七五年と八〇年の論考が付録として収められている)。にもかかわらず、辞典類には三千挺三段撃ち説が踏襲されることになり、批判は浸透しなかった。長篠合戦における鉄砲戦術の〝革新性〟について、根強い見方があったということになろう。

藤本らの説に対し平山優は、もととなる『信長記』を読みなおし、千挺ずつ三隊を三列に編制したのではなく、三隊にして三箇所に配置したのであり、また、移動を前提とした輪番射撃をしたわけでもなく、互いに助け合いながら交替で射撃しただけであるという別の解釈を示している(平山『長篠合戦と武田勝頼』)。いずれにしても、三列交替の輪番射撃(三千挺三段撃ち)は現在においては否定されている。

長篠合戦は「軍事革命」をもたらしたか

鉄砲のつながりでいえば、②の評価、長篠合戦は「大きな合戦での鉄砲使用ということで画期的なもの」であり、「以後の戦争に大きな影響を与えた」とする考え方がある。この点はどうだろうか。

この点においても、藤本は「長篠合戦において、鉄砲が勝因のひとつになったことは確かである」としつつ、それを活用できたのは、武田軍との圧倒的な兵力差にくわえ、長篠城の手前で陣地を構築したからであると指摘し、むしろ鉄砲を効果的に活用できた背景に目を向けるべきことをうながしている(藤本『信長の戦争』)。

鈴木は長篠合戦を戦術革命であったとする見解の起こりからその展開を丹念にたどり（これらの一部は次節でも紹介する）、この考え方を批判している（鈴木『鉄砲隊と騎馬軍団』）。信長がこのいくさで用いたような戦法は「当時、世界中どこでも開発されていなかった」、「信長以前には、一斉射撃ということすら行われていなかった」という飛躍した見方まであったことも紹介し、②や④に表出されている長篠合戦戦術革命説に異を唱えた。

もちろんこのことは、鉄砲がいくさのやり方を大きく変えたことを否定しているわけではない。鉄砲をはじめとする火器による「軍事革命」が、戦いの方法だけではなく、中世から近世に至る政治支配体制の変化をもたらしたという指摘があり（藤田達生『戦国日本の軍事革命』）、この点にわたしも異論はないのである。

武田騎馬隊対鉄砲

先にまとめた五つの点には含めていないが、『日本史用語集』には、織田・徳川軍が武田氏の騎馬隊を破ったとあった。『日本史大事典』にも「騎馬隊による突撃」とあるし、『国史大辞典』には「つぎつぎに武田軍が連合軍に騎馬で攻めかかっていった」と書かれている。長篠合戦すなわち、織田・徳川の鉄砲隊と武田騎馬隊の激突、といった図式的な像でとらえられることも多いのではあるまいか。

ここからは論点の④とも関わるが、それまで戦国時代のいくさは騎馬中心の戦い方だったのが、長篠合戦により鉄砲主体へと変化した、長篠合戦はまさに新旧の戦い方の激突でもあったとされる。だからこその〝戦術革命〟なのだ。

この点、とくに騎馬戦術についても、鈴木や藤本による厳しい批判がある。両氏は、戦国時代のいくさにおける騎馬戦術について事例を挙げて検証し、日本では南北朝時代以降足軽と呼ばれるようになる徒歩兵の比重が高まり、戦国時代には騎馬した武士も下馬して戦闘に臨んでいたと指摘している。長篠合戦といって想起される騎馬隊の集団突撃という姿は、欧州の騎兵や近代軍隊における騎兵隊からの類推だというのである。

たしかに、同時代に日本に滞在していたイエズス会宣教師のルイス・フロイスは、その著書『ヨーロッパ文化と日本文化』のなかで、「われわれの間では馬で戦う。日本人は戦わなければならない時には、馬から降りる」と述べ、戦国時代には馬から下りて戦うことが外国人に印象づけられていた。

鈴木はさらに、武田氏に「騎馬隊」は存在したのかという根源的な問いを発している。戦国時代の軍隊編制に占める騎馬兵の割合はかならずしも高くなく、武田氏は隣接する上杉氏や北条氏の割合よりも低いのではないか（すなわち「騎馬隊」も「騎馬軍団」もなかった）というのである。

ただしこうした指摘には、武田氏研究者である平山優の批判がある。平山は、戦国時代における馬の体軀《たいく》や馬産のあり方から、武田氏の軍制における騎馬の重要性や、戦いの場での馬上戦の存在を指摘し、限定つきながら、騎馬が集団で戦場に投入される場合もあったと指摘している。また、フロイスが記した下馬戦闘は、彼が滞在した西国のいくさでの様子であり、武田氏のような東国の状況とは異なるかもしれず、慎重な検討が必要だとも論じている。「武田騎馬隊」についてはなお検討が必要だとはいえ、長篠合戦として図式化される鉄砲対騎馬隊という構図については、右のような論争を通じて、さらなる史料の読みこみが必要であることをわたしたちに教えてくれる。

新しい長篠合戦像構築に向けて

長篠合戦について説明せよといわれてわたしたちが頭に浮かべる文章が、本章で最初に紹介した教科書のそれだとすれば、そのもとになっているのは日本史辞典類であるといえよう。しかし、そこで説かれている要点は、現在ではどれもが再検討を要するものばかりであることが理解されたのではないだろうか。

本書は、右に紹介してきたような、旧来説かれていた長篠合戦像とは異なる、新たな長篠合戦像を提示しようとするものであるが、旧来の説の要点とそれに対する批判、またさらにその批判について、いずれが正しいか、という姿勢で検証と叙述を進めるものではない。もちろんそれらの説の是非について、常に念頭に置きながら考えるつもりではあるが、対象への近づき方を変えなければ、新しい合戦像はできあがらないように思う。

長篠合戦の核心は、天正三年（一五七五）五月二十一日における武田軍と徳川・織田軍の衝突であり、騎馬武者も含まれる武田軍が前進して攻撃を敢行し、それを馬防柵の後ろから徳川・織田軍が圧倒的な鉄砲を用いて撃退したという、その戦術面にあった。誤解をおそれずにいえば、その面だけに注目が集まってしまっていた。

そこで本書では、このいくさを主導した武田勝頼・徳川家康・織田信長三人の大将の立場から、なぜ彼らは五月二十一日という時点に、なぜ三河国有海原という場所に陣を布《し》いたのかを考えてみることにしたい。彼らはどのような経緯で、どういった理由からあの場所にやってくることになったのか。なぜあのように部隊を展開して動かし、なぜあのような陣所を構築したのか。このような問いを立て、時間的にも空間的にもやや視野を広げて考えてみる。これにより天正三年五月二十一日に起きたいくさの実像や、その歴史的意義がわかってくるかもしれない。

そのとき、先にまとめた五つの論点のうちの⑤、信長の役割（立場）についても、おのずと明らかになってくるものと思われる。

ただし、ここであまり先を急がないことにしよう。右に立てた問いは第二章で考えることにして、本章では、右にみてきた教科書や日本史辞典類の叙述がどのように生まれ、どのように普及して自分たちの頭にある長篠合戦像に流れこんでいるのか、鈴木・藤本両氏による批判に学びながら、時間をさかのぼってもう少したしかめておきたい。それを確認することにより、長篠合戦を考えるときに、どのような点に注意し、どのような史料を読めばよいのかがわかってくるように思われるからである。

2　長篠合戦像はどうつくられてきたのか

参謀本部の『日本戦史』

現代のわたしたちが抱く戦国合戦像を考えるうえで、かならずといっていいほど槍玉《やりだま》にあげられるのは、明治期に陸軍参謀本部が編纂した『日本戦史』である。長篠合戦も例外ではない。「近代になって長篠の戦いを真正面から取り上げた最初の本」（鈴木眞哉『鉄砲隊と騎馬軍団』）という評価がなされている。

『日本戦史』は、当時の陸軍参謀次長川上操六《かわかみそうろく》のもと、陸軍大学校教授横井忠直《よこいただなお》が「実質的編纂者」を務め、参謀本部第四部編纂というかたちで刊行された叢書である。教育的価値を重視し、織豊《しょくほう》期合戦の批判的研究による考察・叙述が試みられ、一般読者まで視野に入れて公刊されたという（井上泰至「近代軍隊の戦史への影響」）。

たとえば『日本戦史　関原役《せきがはらえき》』（関ヶ原合戦の戦記）では、叙述は江戸時代に成立した軍記である『慶長軍記《けいちょうぐんき》』によってかたちづくられた合戦像がもとになっており、そこで述べられている内容を克服できていないという。

さらに『日本戦史』が、「本編」「補伝」「文書」「附図《ふず》」から構成されているとし、とくに「補伝」に注目されている。「補伝」には、合戦にまつわる挿話・言行録など、いわゆる二次史料が集成されているのだが、これは、軍隊のリーダーたる者の志気の涵養《かんよう》を、名将勇士の言行を利用しておこなう目的があったとされている。

一九〇三年（明治三十六）に刊行された『日本戦史　長篠役』もまた、「本編・補伝」と「附表・附図」の二冊により構成され、「本編」が約四〇頁であるのに対し、「補伝」は約二四〇頁に及ぶ。「補伝」の内容は『関原役』と同様、江戸時代に成立した由緒書《ゆいしょがき》・聞書《ききがき》・言行録・軍記などの編纂物から各武将のいくさでの行動が編述されている。

『日本戦史』といえば、永禄《えいろく》三年（一五六〇）にあった桶狭間《おけはざま》合戦について編纂された『日本戦史　桶狭間役』もよく取りあげられる。太平洋戦争時、圧倒的な物量を誇る連合軍に対して、日本軍は自分たちを桶狭間合戦における織田軍（つまり連合軍は今川《いまがわ》軍）になぞらえ、信長による奇襲戦での勝利をその精神的主柱としたという。その背景にあったのが、『桶狭間役』でかたちづくられた〝桶狭間奇襲神話〟であって、実際のいくさは織田軍による奇襲ではなかったという指摘がある（藤本正行『桶狭間の戦い』）。近代の日本において、『日本戦史』が多くの戦国合戦像のもととなっていたことをあらためて痛感させられる。

それでは『長篠役』において、このいくさの戦い方、とりわけ鉄砲戦術はどのように記されているのだろうか。実は、よく読むとこの本が戦術革命説を鼓吹《こすい》したわけではかならずしもない。

信長は、かねて武田軍が騎馬に長じていることを知っており、これを防ぐため馬防柵を構築して、「全軍ノ銃手〈一万人〉ヨリ三千人ヲ選抜シ」（〈 〉内は割書《わりがき》）、「（敵が）逼《せま》ルニ及ヒ代《かわ》ル々々千挺ツ、一斉ノ射撃ヲ為《な》サシメヨ」と命じたとする。銃手一万人という根拠は不明ながら、ここでは三千人の銃手（三千挺）を千挺ずつ交替で撃たせようとしたとあるだけで、それが三列編制を念頭に置いていたかどうかまではわからない。この『長篠役』の叙述は、江戸時代初期に刊行された軍記『甫庵信長記《ほあんしんちょうき》』にほぼ依拠しているという（鈴木前掲書）。『甫庵信長記』についてはまたあとであらためて触れる。

徳富蘇峰の『近世日本国民史』

こうした『日本戦史　長篠役』の内容を一般に広めた著作がある。一九一九年（大正八）に刊行された徳富蘇峰《とくとみそほう》（猪一郎《いいちろう》）の『近世日本国民史　織田氏時代』である。明治から大正にかけジャーナリストとして著名であった蘇峰は、一九一二年（明治四十五）における明治天皇の死をきっかけに「明治天皇御宇史《ぎょうし》」の著述を決意し、その時代背景を探るうえで孝明《こうめい》天皇の時代、さらに江戸時代、織田・豊臣時代にさかのぼって叙述する必要を悟り、織田信長の登場を近世の幕開けととらえて『近世日本国民史』を構想した（坂口太郎『大正・昭和戦前期における徳富蘇峰と平泉澄』）。そしてこれは蘇峰主宰の『国民新聞』に連載され、「やがて多くの愛読者を獲得するように」なったという。

『近世日本国民史』の劈頭《へきとう》を飾る『織田氏時代』のなかで蘇峰は、「予は信長の愛好者でない。何人も信長を愛好する者は、多くあるまい」と述べる（これが大正の頃の一般的な信長評価なのだろうか？）反面で「彼を以《もっ》て我が大和《やまと》民族の誇りとするを禁じ得ない」と、信長という人物を称《たた》えている（『織田氏時代後篇』）。

この信長賛仰《さんぎょう》は長篠合戦の場面にもあらわれている。いくさの経緯についての叙述はほぼ『日本戦史』そのままであるが、そこで信長がとった戦法に対する蘇峰の評価は次のようなものである。

信長は単に数の上に於《おい》て敵に勝つのみならず、武器の上にも敵に勝った。当時に於て一万人の銃手中より、三千人を精撰《せいせん》するが如《ごと》き、贅沢《ぜいたく》なる事は、織田氏が別人の企て及ぶ能《あた》はざる富と、其《そ》の富を有効に使用する進取力とによる他《ほか》は、不可能の事ぢや。

彼は武器の上のみならず、戦術の上にも、亦《ま》た勝つた。大胆冒険なる桶狭間役の信長と、慎重堅固にして臆病《おくびょう》なる程《ほど》用心深き長篠役の信長とが、同一人であることは、殆《ほと》んど不思議の様である。（『織田氏時代中篇』）

長篠合戦は、信長による、その経済力を背景にした鉄砲の用意と、「慎重堅固にして臆病なる程用心深き」戦術の勝利だというわけである。右に引用した文章では鉄砲戦術の具体的な面に触れられていないが、この点で特筆されるのは、明治陸軍において長く兵器行政に携わり、当時は陸軍予備役中将にして日本火薬製造株式会社社長の職にあった押上森蔵《おしあげもりぞう》の「長篠役彼我の戦術と武器とに就《つい》て」なる論文が引用されていることである。

このなかで押上は、当時の鉄砲の弾薬詰替には手間がかかり、次に放つまでに時間を要したことが欠点であったことから、「三千挺を千挺づゝ逐次射撃せよと命」じたことを「敬服の外なし」と褒めている。逐次射撃は次弾装塡の時間差を埋めるためであるとはっきり指摘しているのである。このような火器の専門家押上の見解は、長篠合戦における鉄砲の有効性を強くあと押ししたに違いない。なお余談だが、押上は、右の論文を著す前の一九一八年(大正七)一月に長篠古戦場や長篠城《じょうし》址を巡見している(『押上森蔵経歴』)。

長篠戦術革命説の成立

『日本戦史』から『近世日本国民史』へと受け継がれた長篠合戦における鉄砲戦術の革新性については、学問的な裏づけもあった。むしろ研究者による論及が、長篠合戦戦術革命説を打ち立てた。この点も鈴木眞哉が批判するところである。

鈴木が注目したのは、田中義成《たなかよしなり》・渡辺世祐《わたなべよすけ》の二人の説である。

田中義成(一八六〇―一九一九)は、史料を筆写して複製を作成する写字生として太政官《だじょうかん》修史局に勤め、その後帝国大学（東京大学の前身）に置かれた史料編纂掛《しりょうへんさんがかり》において史料編纂官となり、文科大学（東京大学文学部の前身）教授を兼任して、明治における実証史学を牽引《けんいん》した人物として知られる。実は蘇峰と田中には交遊があり、蘇峰が『近世日本国民史』を執筆するうえで田中は「またとない指南役であった」といわれている（坂口『大正・昭和戦前期における徳富蘇峰と平泉澄』）。

いっぽうの渡辺世祐（一八七四－一九五七）は、田中の教え子として東京帝国大学に学び、田中とおなじく史料編纂官として、おもに室町時代から戦国時代にかけての研究をおこなった研究者である。

田中の文科大学における講義ノートを、田中の没後渡辺らが整理し、一九二四年（大正十三）に公刊された『織田時代史』のなかで長篠合戦にも言及がある。田中は、「此役《このえき》に於て特に注意すべきは、信長が銃隊を組織して敵を殪《たお》せし事」「木柵《もくさく》を軍前に築きて、其内側に銃隊を置き、敵の近距離に進み来るを待ちて、一斉に射撃」したことだとし、「此《かく》の如く隊伍《ご》を組織するに至りしは、蓋《けだ》し此役を以て初めとす」と、鉄砲隊を組織的に活用した最初が長篠合戦であり、「故に長篠の戦は、我が戦術史上に於て、一新紀元を画せるものと云《い》うべし」として、この戦術の革新性を強調する。交替射撃というよりは、組織的な鉄砲戦術に重きが置かれている。

渡辺は、「鉄砲利用の新戦術と長篠戦争」という、それそのものが結論をあらわしている題名の論文（一九三八年発表）のなかで、「長篠戦争は近世の新戦術への転化であって戦術上一転換期を画して居る」と、田中の議論をほぼ踏襲している。鉄砲を用いた戦術が「画期的戦術」であることは、明治四十年（一九〇七）以来講演や講義でしばしば説いてきたという。明治四十年とは『日本戦史』刊行以前である。

この論文において渡辺は、戦国時代のいくさにおける鉄砲利用についての史料を多く紹介しながら、長篠合戦での信長の戦術を位置づけ、長篠合戦により「鉄砲の団体戦というものの効力がよく認められ、爾来《じらい》戦法が改《あらたま》って行った」とする。こうして官学・実証史学の立場から、長篠合戦戦術革命説が大きく打ち出されたといえよう。

軍事史と長篠戦術革命説

田中も渡辺も、武田軍が信玄以来の訓練を経た集団であり、長篠にはその精鋭を挙げて侵攻してきたことが明らかであることから、信長が右に述べたような戦術を採用したのだと論じる。結果として武田軍が大敗したため、このいくさは、武田氏の旧戦術（騎馬による突撃）と信長の新戦術（鉄砲）の衝突、後者の勝利という図式で把握されるようになったと批判されている。さらにこの図式は、軍事史叙述によって反復されるという（鈴木前掲書）。

軍事史・武学史の研究者が、信長による三列交替の戦術案出を論じている。そこでの長篠合戦は、「戦闘第一線において銃戦を重要視した信長と騎馬戦を依然として第一義とした勝頼とは、本邦戦法史上極端な新旧の対照をなすもの」であり、信長は「日本近世戦法若《も》しくは新戦法の開拓者」であると指摘されている（佐藤堅司『日本武学史』）。長篠合戦は旧戦法対新戦法の衝突だとする見方である。

また、戦後においても、「（信長が）鉄砲を最もよく活用した戦例」として長篠合戦が挙げられ、「武田側の騎馬武者を核心とする徒歩精鋭の突撃に対しては、三列の鉄砲兵を交互に第一線に出て射撃させてこれを阻み、潰滅すると同時に木柵側方から反撃に転じ、武田側を再び立つ能わずという状態にした」とする元自衛隊戦術教官による指摘がある（金子常規『兵器と戦術の世界史』）。ここでも三列編制の交替射撃という見方が採用されている。

さらにこの戦術は、クレーシーの戦いに酷似しており、信長が「宣教師からその話を聞いて真似《まね》をしたのかと疑われるほどである」という。クレーシーの戦いとは、十四世紀における英仏百年戦争のおり、北フランスのクレーシー（クレシーとも）において、重装甲槍騎兵の突撃効果を重視した約四万の仏軍を、弓兵一万一千を含む約二万の英軍が破った戦いであり、騎兵の突撃を弓による攻撃で阻んだことにより、「騎士の地位の転落の第一歩」となったと評価されている。この場合は、鉄砲戦術というよりも、騎馬隊と飛び道具、旧戦法対新戦法の衝突を念頭に置いているのだろうから、長篠合戦がそうした構図でとらえられていることがわかる。

くわえて興味深いのは、英人の軍事史家ジェフリ・パーカーによる軍事革命論である。

「軍事革命」とは、前述のとおり、火薬の発明による合戦の変化をきっかけに、この「新技術が地球規模で影響を及ぼし、その日本への本格的な導入が、新たな統治思想を生み出して、国家の仕組みを根本的に変えた」（藤田達生『戦国日本の軍事革命』）という考え方で、火薬が、いくさだけでなく社会や政治の仕組みの構造変革までもたらしたという学説である。

さて、パーカーは一九八八年、*The Military Revolution : Military innovation and the rise of the West, 1500-1800* という著書を発表した。直訳すれば「軍事革命――西欧における軍事革新とその興隆」となろうか。西欧における「軍事革命」が地球的規模でいかなる影響を与えたのかを論じたものである。同書は一九九五年に邦訳刊行されている（大久保桂子訳）。邦題は『長篠合戦の世界史――ヨーロッパ軍事革命の衝撃　1500～1800年』である。

ところが同書本文のなかで長篠合戦に言及されているのは、次に掲げるわずか一箇所にすぎない。

さらに日本のマスケット銃兵の驚くべき実力をまざまざとみせつけたのは、一五七五年五月二一日の長篠の戦いである。武将織田信長は、つづけざまに射撃がくりかえされるようにあらかじめ斉射の訓練をしておいた三〇〇〇のマスケット銃兵を、この合戦で横列に並ばせて配置した（図版37）。皮肉にも、対面したのは鉄砲の使用にかけては先駆者だったあの武田氏であったが、武田の騎馬軍団は全滅した。

マスケット銃とは、先込め式だが銃身の内側に銃弾を回転させる溝が刻まれていない滑腔《かっこう》銃《じゅう》のことで、長篠合戦で使用された火縄銃の進化形であるので誤解がある。また、「あらかじめ斉射の訓練をしておいた」とする根拠はおそらく『信長記』首巻《しゅかん》(「信長御入洛無以前《ごじゅらくなき》の双紙《そうし》」)にあると思われるが、かならずしも「斉射の訓練」とはみなしがたい。この部分につづけて「マスケット銃兵を横列に並ばせてつぎつぎと発射させ、前列が装塡しなおしているあいだに後列に発射させる」戦法で大勝利を得たのが長篠合戦としているので、いずれにせよパーカーは、長篠合戦で交替射撃がおこなわれたと考えているようである。

またここで参照を求めている図版37とは、日本史教科書にも掲載された徳川美術館所蔵の長篠合戦図屏風の一部分である。右に引用した本文につづく部分に付せられた注には、「ただしこの屏風絵は戦いから数十年たって描かれたものなので、長篠で信長が実際に展開した戦術ではなく、後代の日本の軍事手法を再現している可能性もある」と断られている。

パーカーの長篠合戦理解にはやはり問題があるといわざるをえないのだが、それ以上に注目したいのは、このわずか一箇所の言及にすぎない長篠合戦が邦題に採用されていることである。日本で販売するための版元の思惑《おもわく》なのだろうが、もっぱら西欧における「軍事革命」を論じるパーカーの著書の邦題として、原題にない長篠合戦を採用する思考が、いまから約三〇年前の時点で根強くあったことを証明している。長篠合戦が軍事革命をもたらしたという見方が一般に定着していることをうかがわせる。

小説における長篠合戦

ここまで紹介してきたような、明治以降の学術的な論考や軍事の専門家である陸軍による叙述、軍事史・兵器史の研究者による評価が市民権を得るきっかけとなった媒体が、小説などの文学作品であったり、映画やテレビドラマといった映像作品であろう。いくつか紹介したい。

長篠合戦を取りあげている歴史小説は厖大《ぼうだい》にあるのだろうと思う。ここでは古くから知られ、現在も書物のかたちで入手可能な、多くの読者を獲得している〝古典的〟な歴史小説に絞ってみてゆきたい。

まずは吉川英治《よしかわえいじ》『新書太閤記《たいこうき》』である。一九三九年（昭和十四）から読売新聞夕刊に連載され、絶大な人気を博した。このなかで長篠合戦に説き及ぶのは一九四一年七月頃に発表された「しだらが原」の章である（連載時の題は「太閤記【秀吉篇】」）。

織田軍の兵は、岐阜《ぎふ》を発《た》ったときから一本の杭《くい》と縄を持参し、それにより柵を構築した。武田氏は「海外の影響に敏感でなく」、「依然たる騎馬精鋭をもって」織田・徳川軍に襲いかかる。対する信長は「近代的な頭脳と兵器をもって、科学的な戦法を充分に用意していた」とし、武田軍に鉄砲を浴びせた。前日までの大雨で地面がぬかるみ、前進しかねていたところに鉄砲が放たれたのである。

ここで信長がとった「新しい用兵術」は、「三千挺を保有する銃隊を、三段にわけて、第一段千人の銃手が撃つと、急速に、左右に開かせ、第二段の銃隊が前へすすんですぐ発射する。――同時にサッと開く、またすぐ三段隊が出る」というものである。旧戦法対新戦法、織田・徳川軍の三交替（おそらく三列）による連続射撃という考え方がすでに本作で出揃《でそろ》っている。

一九五〇年から東京新聞などに連載された山岡荘八《やまおかそうはち》の人気作『徳川家康』は、一九八三年に放映されたNHK大河ドラマの原作であるが、ここでも信長はあらかじめ兵に柵木《さくぎ》一本・縄一束を持参させる。勝頼は十九日の時点で総攻撃を決定しており、山県昌景《やまがたまさかげ》らの老臣は死を覚悟する。敗れたのは、「勝頼の代に至って、信玄の時代をなつかしみすぎた武田勢は、戦術の面においてもまた信玄時代をそのまま踏襲していた」からだとし、時代が刀から槍へ、槍から鉄砲へと移っていることに武田氏が追いつけなかったことを敗因とする。鉄砲の場面は、三千の鉄砲兵を三つに分け、千挺ずつ次々に「つるべ射ち」にするという交替射撃として描かれる。

山岡の別の長篇『織田信長』（『徳川家康』よりあとの発表）になると、長篠合戦を「日本古来の戦術を一変せしめた」いくさとし、それは「一人が一人を狙撃《そげき》するのではなく、集団が集団を狙《ねら》うという信長の新戦法」のためであるという評価がなされている。鉄砲戦術というよりも、また交替射撃というよりも、集団による一斉射撃という点に着目されている。

司馬遼太郎による長篠合戦評価

信長による鉄砲の交替射撃を小説のうえでしっかり定着せしめたのは、やはり司馬遼太《しばりょうた》郎《ろう》のように思われる。一九六三年から六六年にかけて『サンデー毎日』に連載された『国盗《くにと》り物語』である。

もっとも『国盗り物語』には、長篠合戦は直接的には登場しない。明智光秀《あけちみつひで》のもとに、このいくさで勝利を収めたという情報が届く伝聞のかたちで述べられているにすぎない。だからこそ、光秀の耳に入った戦い方が、簡潔に、かつ鮮やかに述べられているともいえる。

信長が岐阜を出発するときから、足軽に材木一本・縄一把《わ》を持たせて柵を構築し、ところどころに木戸をつくったという話につづけて、

> 織田軍の執銃兵《しつじゅうへい》一万人のなかから射撃上手を三千人選び、それを柵内に入れ、千人ずつ三段に展開させ、武田軍のもっとも得意とする騎馬隊の猛襲を待った。ついに計略は図にあたり、柵にむかって怒濤《どとう》のように突撃してくる騎馬集団は信長の考案した「一斉射撃」という世界史上最初の戦法の前にうそのように砕け去った。

とある。直後には「信長が長篠で演出した「三段入れかわりの一斉射撃法」」とあり、三交替の連続射撃、一斉射撃という戦法は「世界史上最初」とまで評価されている。こうした戦い方で勝利を収めた信長に対し光秀は、「あの男はひょっとすると、自分などの及びもつかぬ天才なのかもしれぬ」と懼《おそ》れを抱く。

司馬は随筆「戦国の鉄砲侍」(『国盗り物語』以前に発表)でも、信長は早くから鉄砲に着目し、長篠合戦には三千挺という当時としては驚異的な火力を戦場に進出させたとする。相手の武田軍は「鉄砲以前の旧式装備」だったため、織田軍の鉄砲の前に敗れ去った。「日本の近世史は、この長篠の戦場における信長の銃火によって幕をあけたというべきだろう」と、長篠合戦が中世から近世へと時代を変えたとまで高く評価する。

司馬により、新旧の戦法(装備)の激突、鉄砲の交替射撃(三段撃ち)・一斉射撃(世界史上最初)、信長の天才的な軍略というこれまでの長篠合戦像が縮約されて表現された。人気作家の代表作とされる長篇であるから、この影響力はさぞや大きかったのではないかと推察される。

新田次郎による異色の長篠合戦像

とはいえ、司馬による長篠合戦像が歴史小説の世界において支配的であったかというと、そういうわけでもない。たとえば、新田次郎《にったじろう》『武田勝頼　水の巻』である(同作品は現在は電子版にて入手可能）。前年の『独眼竜政宗《どくがんりゅうまさむね》』につづいて驚異の視聴率を保った一九八八年・NHK大河ドラマの原作『武田信玄』の続篇にあたるこの長篇では、長篠合戦にかなり風変わりな近づき方をしている。

「風変わり」というのは、小説であるにもかかわらず、著者の補足を付記のように入れるなど考証的な仕掛けがほどこされているからだ。そもそも前書きに、参謀本部による『日本戦史　長篠役』ではなく、歴史学者・高柳光壽《たかやなぎみつとし》の著書『戦国戦記　長篠之戦』を下敷きにすると宣言してから物語がはじまる。

鉄砲隊の編制についても、従来の小説はおろか、史料にすら記されていない目新しい説が唱えられる。信長は、五人の鉄砲奉行《ぶぎょう》に三千人の鉄砲兵を指揮させるのだが、鉄砲兵十五人をひと組とし、五人ずつ「三段構え」で連続射撃をさせるのである。これは新田によるまったくの創案だと思われるが、このような少人数の編制での交替射撃ならば、無理の度合いは小さくなる。

また射撃についても、騎馬武者をねらうのではなく、馬をねらわせている。さらに有海原でのいくさは、「全軍が衝突して一挙に勝負を決するという形式の戦争ではなく、双方から次々と部隊を繰り出しての、云わば入れ替わり立ち替わっての隔時集団格闘方式の戦いだった」とする。これは第三章で触れるように『信長記』に記された武田軍の攻撃法ではある。

武田軍の敗因や、大将勝頼の描き方も独特である。柵に向かって誘いこもうとする織田・

徳川方の思惑の裏をかいて、味方の予備隊を左右両翼にくり出して、左右の柵を破るべしという家臣たちの意見に勝頼も従い指示を出したが、予備隊を率いる穴山信君《あなやまのぶただ》（のち出家して梅雪《ばいせつ》と号す）がこれを拒絶する。新田は、このこと（「統率権の分裂」）が武田軍の敗れた根本原因だとする。しかしこの勝頼の命令と信君の拒絶というやりとりも、本書でこれから触れるような史料にみえないので、小説として主張された原因であると受けとめておく。

勝頼については、織田・徳川軍が柵と鉄砲を使った戦術で武田軍に損害を与えようとしていることがわかったあと、押し気味でいくさを進めている兵たちに退却命令を出したら、逆に混乱を招くだろう、父信玄ならともかく、自分の命令では将たちは容易に従うまいと逡《しゅん》巡《じゅん》し、結局退却命令を出せない、優柔不断な姿として描かれる。他の小説での勝ち気にはやる勝頼像とは正反対である。

新田には、吉川英治から山岡荘八を経て司馬遼太郎へとつづく長篠合戦像に違和感があったのかもしれない。「一部の史家が設楽ヶ原の合戦を「馬と鉄砲」の戦いだと単純に解釈して以来、それが、俗説を次々と生み、武田勝頼をして悲劇の中の愚将に仕立て上げたのであろう」と本文のなかで述べるほど批判的で、前半部などはまさに本書の論点とも合致する。

勝頼の描き方はおくとしても、物語を書き進めるなかで関係史料を読みこみ、想像力を大きく働かせながら、なぜ織田・徳川軍は鉄砲を有効に使うことができたのか、なぜ武田軍は織田・徳川軍の設けた柵に向かい突撃していったのか、という疑問を解き明かそうとする姿勢が垣間見《かいまみ》られる。

長篠を訪れた宮脇俊三

ここで小説から離れ、それ以外の媒体に記された長篠合戦の記事に注目してみる。たとえばノンフィクションである。戦国時代を舞台にし、織田信長や徳川家康らを主人公とするような歴史小説であれば、作者はそれなりに調べて、自分自身の合戦像を描くことになる。いっぽうそこに主眼を置かない書き物の場合、長篠合戦に触れるときには、その時点で支配的であった歴史叙述に依拠して述べられるのが普通であろう。

その一例として挙げたいのは、鉄道紀行などにすぐれた作品が多くある作家・宮脇俊三《みやわきしゅんぞう》の『室町戦国史紀行』(二〇〇〇年)だ。

同書は書名のとおり、南北朝時代以降、歴史の大きなできごとの舞台となった場所を宮脇が訪ね歩いた紀行である。そのなかに「長篠の戦い」の一章があり、宮脇は長篠城や鳥居強右衛門の磔死《たくし》の跡地、古戦場を訪れている。

実際連吾川が流れる低地に立った宮脇は、「この狭い谷あいに五万を超える軍兵が集まったとは信じがたい。まして武田軍の主力は騎馬隊で、図体《ずうたい》の大きい馬が加わっている。両軍の総勢は五万余だったとしても、実戦に参加したのは、ずっと少なかったのではないだろうか」という率直な感想を記す。

有海原での戦い方については、次のように記している。

当時の鉄砲の有効射程距離は二〇〇メートル程度だった。しかも、一発撃つと、つぎの発射まで三〇秒ぐらいかかったという。最初の一発がはずれれば、二発目までの間に騎馬の兵は眼前まで来てしまう。馬防柵があっても人は防げないだろう。

そこで考案されたのが「三段撃ち」(三段式装塡法)であった。三人一組となり、一発撃っては交替するという方法である。これで発射間隔を一〇秒に短縮することができる。

この方式が信長の独創であったかどうかはわからない。しかし、大規模な戦いで効果を発揮したのは、この長篠であった。武田軍も鉄砲を所持していたが、騎馬隊を主力にしていたので、活用できなかったらしい。

三千人を千人ずつに分けての三交替による射撃ではなく、三人一組という意味での「三段撃ち」としている点は、多人数の銃兵を指揮することは困難であるという批判を念頭に置いた合理的な思考のように思える。「三段撃ち」が別の方法に読み換えられているわけである。この場合、一斉射撃という面が捨象されるのはやむをえない。さすが大学の西洋史学科を卒業した宮脇の面目躍如であろうか。

マンガの長篠合戦

右に紹介してきた作品は、文章の力によって読む人に対する強い喚起力を持つ。絵画の喚起力もこれに負けていない。絵を媒介にして長篠合戦を受け入れるということでは、教科書に掲載されている長篠合戦図屏風の図版よりも、マンガのほうがより一般的で強い影響力を持つかもしれない。

通史のマンガとして第一に挙げるべきは、石ノ森章太郎《いしのもりしょうたろう》の『マンガ日本の歴史』だろう。第十三巻（「織田信長と関白秀吉」）のなかで、「洛中洛外図屏風《らくちゅうらくがいずびょうぶ》」を下敷きにした絵に「…新しい精神をもとうとする者は、新しい時代を開く戦いにも勝った」と説明があり、次に武田二十四将図《にじゅうししょうず》を下敷きにした絵には「古い伝統のみに生きようとする者は、戦いに敗れた…」とある。「新しい」信長と「古い」勝頼の対決という構図である。

次の場面、突撃してくる騎馬隊に対し、柵の内側から鉄砲を放ち、騎馬武者が倒れる様子が描かれる。「――射《う》てぇ!!」「次…!」「射てぇ!!」「次…!!」「――射てぇ!!」という台詞《せりふ》とコマ割りからは、三交替での交替射撃であることが示唆《しさ》されている。また、ここでも「新しい時代の兵器を主軸とした信長・家康軍の前に、信玄亡きあとの武田氏は敗れ去った」とある。従来の長篠合戦像に立脚して描かれていることになろう。

これに対して『漫画版日本の歴史6　安土桃山時代・江戸時代Ⅰ』は説明の文章が多く、最近の研究動向にも注意が払われている。

武田軍（の騎馬隊）が六千の数で三河に侵入したという知らせを受けた信長は、「兵たちにそれぞれ柵木一本と縄を持たせて出陣する！」と命じる。敵が騎馬で入ってくるのを防ぐ馬防柵を構えるための準備である。「さらに三〇〇〇丁の鉄砲を用意して武田軍をまちました」とし、騎馬で突撃してくる武田軍に対して、柵近くまで引きつけたうえで、柵の内側から鉄砲を放つ。騎馬隊が柵の前で撃たれ倒れる姿が大きく描かれる。

長篠合戦の意義として、「信長は、鉄砲の出現によっておきた軍隊の編成や戦い方の変化にうまく対応し、勝利を手にしました」と述べ、一騎打ちの戦いから集団の戦いへ変化することを示した絵がそこに入る。このこと自体は誤りではないだろう。

ここに「鉄砲の連続射撃は事実か？」という見出しを付けた補論のような囲み記事が添えられている。そこでは、『信長記』になかった鉄砲攻撃の記事が『甫庵信長記』に登場して一人歩きし、『総見記』や『日本戦史　長篠役』に流れこんだという、先に紹介した鈴木眞哉や藤本正行の批判に沿った説が述べられていて、三段撃ち・交替射撃に対する懐疑的な見方を文章で補っている。

織田・徳川軍が柵と鉄砲でいかなる戦術をとったのか、従来の見方に疑問があるという文章での説明はあっても、読者の頭には、柵の内側から放たれた鉄砲で騎馬武者がバタバタと倒れる姿が強い印象として残るだろう。結局はそれが長篠合戦の核となる図像なのである。

映画の長篠合戦

長篠合戦が登場する映画として多くの人が頭に浮かべるのは、黒澤明《くろさわあきら》監督の『影武者』ではないだろうか。一九八〇年（昭和五十五）に公開された。わたし自身の思い出としても、当時中学一年生であり、はじめて封切時に映画館で観た黒澤映画として強く印象に残っている。

この作品は主演俳優の交替など話題を呼ぶなかで制作されたわけだが、四十数年前の自分の記憶では、信玄の影武者を演じた仲代達矢《なかだいたつや》が、戦場の真ん中で右往左往しているなか、武田軍の騎馬武者たちが織田・徳川軍に向かって突撃し、鉄砲によってバタバタと倒されるという場面があったと思っていた。

ところが、本書を執筆するためにＤＶＤで観なおしてみて驚いた。騎馬武者たちが鉄砲によって倒される場面など一切登場しないのである。

足軽兵も交じった武田軍が、部隊ごとに織田・徳川軍に向かって突撃する。そのあと、鉄砲の発射音だけが聞こえる。そのときの映像は、小高い場所から眺めていた武田勝頼たちが、この様子をみて大きく動揺する場面である。この場面から、武田軍が鉄砲によって損害を重ねてゆく情景を鑑賞者に想像させるという仕掛けである。

人間の記憶とはおそろしいもので、騎馬武者が馬と一緒にどっと倒れるような場面をこの映画のひと齣《こま》として記憶していたはずなのだが、その姿は、何か別の映画かテレビドラマの一場面を組み合わせていたようなのである。壮大な合戦絵巻という黒澤映画の概括的な印象も、勝手な記憶の操作にひと役買ってしまったらしい。

ちなみにロケは北海道でおこなわれたという（『読売新聞』一九七九年〔昭和五十四〕十月二十三日付夕刊）。撮影にあたり百五十頭の馬が準備されて調教され、織田・徳川軍の鉄砲隊のエキストラは三百三十人にのぼったという。北海道の雄大な草原のなかを武田軍が前進するのだから、有海原の戦場の景観からははなはだかけ離れている、いかにも映画的な演出なのだが、黒澤映画の影響力は大きく、やはり自分自身の長篠合戦像はあの映像になる。

かくして多くの人が、小説やマンガ、映画やテレビドラマによって、自分自身の長篠合戦像を頭に描くことになり、それはどうやら、実際にあったできごととはずいぶん異なったものであるようなのだ。

わたしの個人的な経験を一般化してしまうのは危険であるが、このような記憶の改変や勝手な思いこみは、決して自分一人のことだけではあるまい。記憶とはいとも簡単に曲げられてしまう。おそろしいものだ。

先年、東京・阿佐ヶ谷《あさがや》にある小さな映画館で、一九六〇年（昭和三十五）に公開された『敵は本能寺にあり』という時代劇映画を観た（松竹京都・大曽根辰保《おおそねたつお》〔辰夫〕監督）。主人公の明智光秀を八代目松本幸四郎《まつもとこうしろう》（のち初代白鸚《はくおう》）が、信長を田村高廣《たむらたかひろ》が演じている。

題にあるとおり本能寺の変が取りあげられているのだが、その前段階にあたる信長による武田氏攻めのとき、武田軍が騎馬のまま柵まで前進し、そこで討ち取られるような場面があった。観ていて、これは長篠合戦の像が投影されているのだろうと感じた。騎馬で無謀にも柵に突撃してくる武田軍という〝型〟である。

ところでこの映画のタイトルバックに驚かされた。配役の字幕の向こうに、みたことがない長篠合戦図屏風が映っていたからだ。第四章で触れる成瀬《なるせ》家伝来の屏風の構図に似ているのだが、この系統の屏風にはまったくみられない金雲《きんうん》があしらわれていたので、座っていた椅子《いす》から思わず身を乗り出して、字幕に出てくる俳優の名前そっちのけで背景の映像に観入ってしまった。

金雲が入るような成瀬家本系統の屏風が当時どこかにあって、映画ではそれを利用したのだろうか。だとしたら、現在知られていない長篠合戦図屏風の〝大発見〟である。あるいはこの映画のためだけに小道具としてこしらえられたのだろうか。全盛期を過ぎていたとはいえ、この時期の映画界ならばありうるだろうか。この謎《なぞ》をどのように追いかけ、たしかめればよいのかわからず、途方に暮れている。博雅のご教示を乞《こ》いたい。

話が妙な方向にそれてしまった。

実際に起きた〝長篠合戦の実像〟にできるかぎり近づくため、次章以降、いかなる経緯であのようないくさとなったのか、長篠合戦について記した史料にはどのようなものがあり、それらにはどのようにいくさの様子が記されているのか、その記された内容がどのように変化していったのかをみてゆくことにしたい。

第二章　両軍激突
——大将たちの長篠合戦

1　なぜ長篠城を攻撃したのか——武田勝頼の場合

信玄の三河侵攻

天正三年（一五七五）五月二十一日。なぜこの日に長篠城および有海原《あるみはら》においていくさが起きたのか。軍勢を率いた大将である織田信長・徳川家康にせよ、武田勝頼にせよ、この日にあの場所でいくさをしようと申し合わせたわけではない。様々な状況が交錯したすえに、五月二十一日に長篠合戦が起こった。本章では、それぞれの大将の立場、視点から、なぜあの日あの場所でいくさが起きたのかを考えてゆく。こうすることによって、長篠合戦とはどのようないくさであったのかがわかってくるに違いない。

まずは、三河に攻め入った側である武田勝頼の思惑と武田軍の動きについてみてゆこう。

流れをつかむためには、勝頼の父・武田信玄による三河侵攻までさかのぼる必要がある。

信玄は元亀《げんき》三年（一五七二）十月、家康の領国遠江に侵入した。信玄率いる本隊は高天神《たかてんじん》城（静岡県掛川市）を攻撃したあと、見付《みつけ》（同磐田市）を経て、天竜川《てんりゅうがわ》沿いにある二俣《ふたまた》城（同浜松市）を攻撃した。十一月晦日《みそか》（末日）に同城を落としたのち、軍勢を南下させたものの、浜松《はままつ》城（同前）には向かわず、西へ、つまり三河に向かって軍勢を進めた。最近、信玄の意図は、浜名湖《はまなこ》水運の主導権を握って徳川氏の兵粮《ひょうろう》補給を断ち、浜名湖北部にある堀江《ほりえ》城（同前）を攻めることにあったのではないかという説が提起された（平山優『新説 家康と三方原合戦』）。

また、信玄の本隊とは別に、山県昌景らが率いる別働隊があって、彼らは信濃《しなの》を通り、青《あお》崩峠《くずれとうげ》を越えて三河に入り、野田《のだ》城（愛知県新城市）を攻撃したあと、遠江に移って本隊と合流したとされている（本多隆成『定本徳川家康』）。

このような武田軍の遠江・三河侵攻を受け、浜松城の家康は武田軍を追撃したところ、十二月二十二日に起きたのが三方原《みかたがはら》合戦である。このいくさは、数に勝る武田軍の勝利に終わり（平山は、武田軍二万余、徳川・織田軍八千余と推算する）、敗走した家康は浜松城に逃げ戻った。

勝利を得た武田軍は、その後所期の目的である浜名湖水運の要衝・堀江城を攻めたが、落城させることはできず、おなじく浜名湖水運の拠点のひとつ刑部《おさかべ》城（静岡県浜松市）を攻撃

図1　元亀３年の武田軍侵攻ルート

するため、刑部に在陣して年を越したとされている。年が明けた元亀四年（一五七三。七月に改元して天正元年）の一月、信玄は刑部を発って三河に侵入した。信玄の次の目的は、東三河の渥美《あつみ》郡を制圧することで徳川領国を東西に分断し、より効果的に浜松城を封鎖すること（浜名湖水運の掌握）にあったのではないかとされる（平山前掲書）。

三河に入って信玄が最初に攻めたのは野田城である。これに対して家康は浜松から吉田《よしだ》城（愛知県豊橋市）

に入った（『古今消息集』『年代記抄節』）。吉田城は東三河の拠点であり、重臣酒井忠次の居城である。しかし二月中旬、野田城の城主菅沼定盈《すがぬまさだみつ》は武田軍に降伏して開城した。この時点で奥三河の国衆《くにしゅう》（戦国大名に従属するが独自の領地を支配する領主）である山家三方衆《やまがさんぽうしゅう》（作手《つくで》の奥平《おくだいら》氏、長篠の菅沼氏、田峯《だみね》の菅沼氏）も武田方についていたから、東三河北部の大半が武田氏の支配下に入ったことになる。野田城の定盈は、菅沼氏の一族だが、徳川方であったために信玄に攻められたのである。

前述のように、すでに遠江北西部の二俣城も武田方の手に渡っていた。遠江や東三河の北部はほとんど武田方に掌握されてしまっていたわけである。徳川氏に危機が迫っていた。

信玄の死と勝頼の武田家継承

ところが天は家康に味方した。知られているように、信玄は野田城攻めのあと病を悪化させ、四月十二日に没したのである。病状が好転しないため、三月のうちに領国信濃へ撤退を開始したものの、その途次、駒場《こまんば》（長野県阿智村）で亡くなったという。五十三歳であった。武田氏の家督を継いだのは信玄の四男勝頼である。

信玄の死により徳川領侵攻は中止されたものの、勝頼は六月晦日付で山家三方衆の菅沼正定《まささだ》（長篠菅沼氏）・同定忠《さだただ》（田峯菅沼氏）・奥平定能《さだよし》三人に対し、信玄により安堵《あんど》されていた所領について、ひきつづき安堵する判物《はんもつ》（権力者が花押《かおう》を据えた命令文書）を出して奥三河の支配維持を図った（『松平奥平家古文書写《うつし》』）。ただしこの時点ですでに東三河の牛久保《うしくぼ》領をめぐり、田峯菅沼氏と奥平氏とのあいだに対立が生じていたようである（平山優『敗者の日本史9　長篠合戦と武田勝頼』）。

勝頼はこの対立の解決を三方衆内の話し合いに委《ゆだ》ねた。定能は家臣を直接武田氏に遣わして解決を訴えたものの、勝頼の側近・長坂光堅《ながさかこうけん》により却下された（『松平奥平家古文書写』）。このことが、奥平氏が武田氏から離反する原因となったと指摘されている（平山前掲書）。定能は家康と起請文《きしょうもん》（書いた内容を神仏に誓う文書）を取り交わし、徳川方についた。起請文の日付は八月二十日である。起請文のなかで家康は、奥平・徳川両氏の縁組、奥平氏の所領の安堵、新たな所領の給付、信長に対する取次などを約束している（『譜牒余録《ふちょうよろく》』）。

信玄の死による武田軍の撤退を受け、徳川氏の反転攻勢はすでにはじまっていた。七月二十日の時点で家康は長篠城内に火矢を放ち、城内の建物を焼き払っている（『当代記』）。勝頼はこれに対して長篠城の後詰《ごづめ》（後方支援）のための援軍を派遣した。七月晦日付で奥平道紋《どうもん》（定勝《さだかつ》）・定能父子に宛《あ》てた書状のなかで勝頼は、家康が「長篠切所《せっしょ》」を越えて在陣していることは天が与えた好機なので、この機会に家康を討ちたいと伝えている（『松平奥平家古文書写』）。しかし、先の起請文にもあるとおり、ほどなく奥平氏は武田氏から離反してしまうのである。

勝頼は、援軍を長篠城の北から寄せている。鳳来寺筋《ほうらいじ》（信濃から遠江に入る青崩峠経由で長

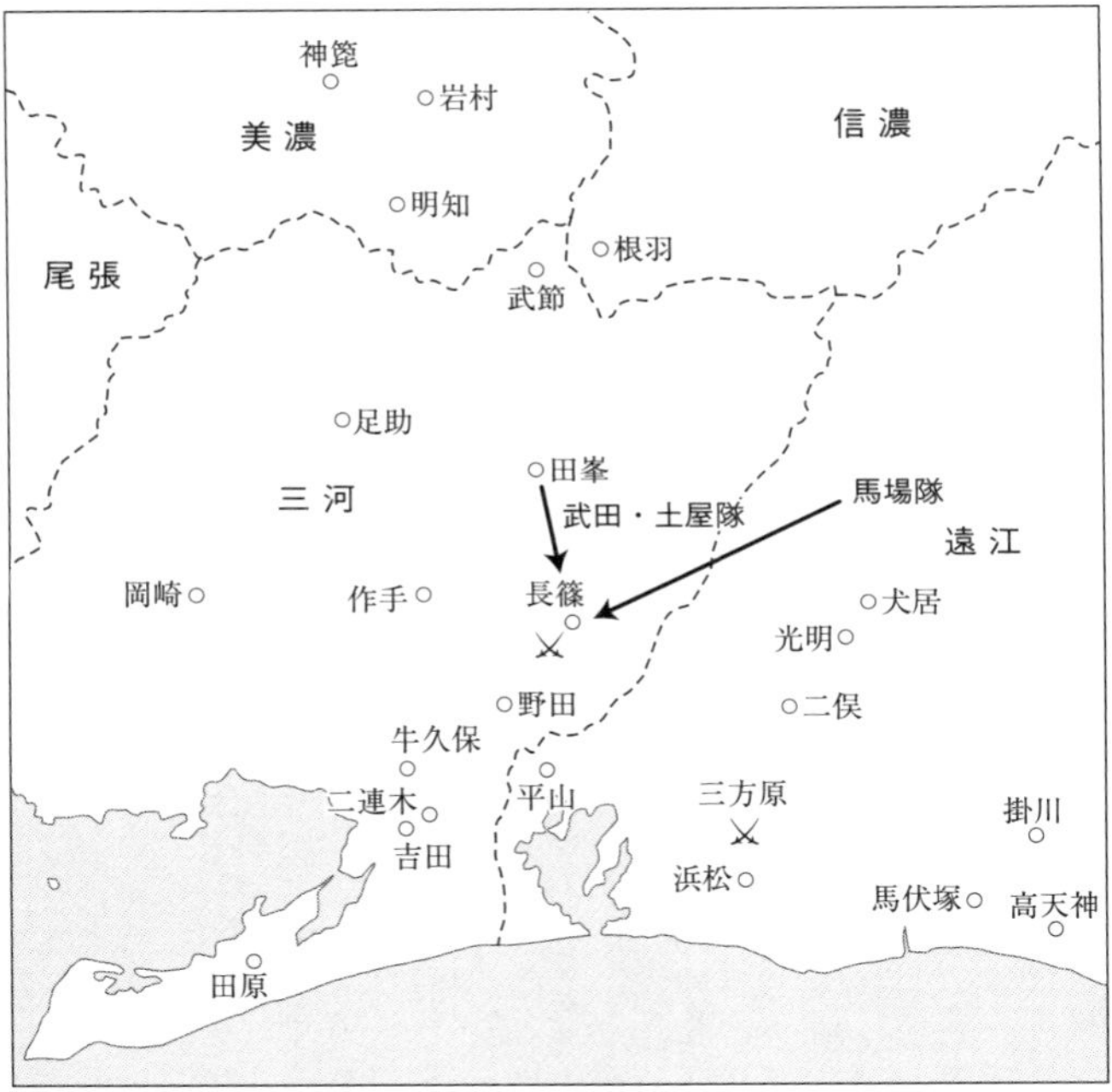

図2　天正元年の武田軍侵攻ルート

篠に向かう径路か）から馬《ば》場《ば》信春《のぶはる》（信房《のぶふさ》とも）隊を向かわせ、武田信豊《のぶとよ》（勝頼の従弟《いとこ》）・土屋《つちや》昌続《まさつぐ》隊を黒瀬《くろせ》（愛知県新城市）に着陣させた（信濃から直接三河に入る径路で入ったか）。『当代記』には馬場隊五千、信豊・土屋隊八千とある。次いで信豊・土屋隊を奥平氏の居城作手（亀山《かめやま》城）に移動させ、長篠城を攻撃する徳川方を東西から挟撃して遠江へと退散させようとした。

　この時機に奥平氏の当主定能とその嫡男信昌が離反

した。

もっとも奥平氏も一枚岩ではなかった。隠居していた定能の父道紋と、定能の弟源五左衛《げんごさえ》門尉《もんのじょう》（常勝《つねかつ》とも）はそのまま武田方に残って亀山城に籠《こ》もったため、奥平氏は分裂したのである（柴裕之『戦国・織豊期大名徳川氏の領国支配』）。亀山城を攻める定能・信昌に徳川氏の援軍がくわわり、同城に籠もる道紋・常勝を武田方が支援する、いくさの焦点は長篠から作手に移った。

定能父子の離反により武田軍の志気は低下したとみられ、九月八日、長篠城に籠もっていた室賀信俊《むろがのぶとし》・菅沼満直《みつなお》・同正貞《まささだ》らは降伏し、城は徳川氏の手に渡ってしまう（『当代記』）。かくて、長篠城を支援するために派遣されていた武田軍はふたたび帰陣せざるをえなかったのである。家康は長篠城に一族の五井松平《ごいまつだいら》景忠《かげただ》を配した（『松平記』）。

天正二年の勝頼

元亀四年（一五七三。七月に改元して天正元年）四月の信玄没後、奥三河の有力国衆である奥平氏が離反し、長篠城を奪われた勝頼であったが、奥平氏が分裂したこともあって、なお亀山城は武田方が保持していた。山家三方衆の長篠菅沼氏・田峯菅沼氏も武田方であったから、奥三河全体を失ったわけではない。翌天正二年（一五七四）に入ると、むしろ勝頼は、織田氏・徳川氏の領国にいっそうの攻勢を仕掛けて支配領域の拡大に成功している。

一月二十七日に武田軍が美濃岩村《いわむら》口から東美濃に侵入し、明知《あけち》城（岐阜県恵那市）を取り巻いたという知らせを受けた信長は、二月五日、支援のため尾張《おわり》・美濃両国の軍勢を率いて出陣した。織田軍は神篦《こうの》（岐阜県瑞浪市）に着陣したが、この地域は山あいだったため効果的な作戦が展開できず、手をこまねいているうちに、明知城内に離反者が出て、城は武田方に渡ってしまった。やむなく信長は家臣・河尻秀隆《かわじりひでたか》に対し、神篦城を修築し、ここを守るよう命じて岐阜に引き返した（『信長記』）。

さらに勝頼は五月、遠江高天神城を攻撃する。城主小笠原氏助《おがさわらうじすけ》はもともと今川氏に仕えていたが、永禄十一年（一五六八）以降徳川氏に属していた。前述のように、元亀三年（一五七二）の信玄による遠江侵攻のさい高天神城も攻められ、降伏したとされる（平山前掲書）。天正二年（一五七四）になってふたたび武田方より攻撃を受けていることから考えると、信玄没後また徳川方に復したということなのだろう。

武田軍に包囲され厳しい攻撃を受けた高天神城の小笠原氏助は、結局六月に降伏し、またしても高天神城は武田方の支配下に入った。高天神城は浜松城から東に二十数キロ離れており、遠江でも海に近い場所に位置している。この時点で勝頼は、織田・徳川領国である東美濃および遠江南部へとさらに勢力を拡大したことになる。

信長は天正二年五月の時点で京都滞在中であったが、二十八日に岐阜に帰った。その後家康から高天神城の危急を知らされ、支援の要請があったことを受け、六月十四日に出馬、十七日に吉田城に入った。そして十九日、浜名湖南の今切《いまぎれ》（静岡県湖西市）を渡り東へ軍を進めようとしていたとき、小笠原氏助降伏の一報が届いたため、やむなく吉田へ引き返した（『信長記』）。

その後の天正二年後半は、勝頼の目立った軍事行動は見受けられない。信玄の死は表向き隠匿されていたものの、家督の交替ということもあってか、領国の甲斐・信濃・上野《こうずけ》・駿河・遠江の家臣や寺社に対して所領の安堵や諸役の免除をおこなったり、所領を給付するなど、領内の内政に関わる文書が多く見られる。唯一、閏《うるう》十一月に、二俣城に家臣・依田信蕃《よだのぶしげ》を入れ守備の強化を図ったことが目立つ程度である（『竹重文書』）。

天正三年の三河侵攻

いよいよ天正三年（一五七五）に入る。

武田軍が三河に侵入したのは三月下旬だという。『信長記』によれば侵入径路は「あすけ口」とある。『当代記』にも、四月に勝頼が「足助表《あすけおもて》」へ出張したとある。信濃から三河に入り、武節《ぶせつ》（愛知県豊田市）から南下すれば長篠城に至る。これは元亀四年（一五七三）に長篠城の後詰のため武田信豊・土屋昌続隊が通った径路（ついでに言えば長篠合戦後の勝頼の敗走径路）にあたると思われる。足助（同前）は武節からそのまま南西に向かった場所に位置するから、このときの武田軍の目標は長篠城ではないことが推測される。『信長記』には、尾張から信長の嫡男織田信忠《のぶただ》が出陣したとあるので、織田氏としても、武田軍の動きが西に向かうものであり、尾張をうかがうおそれがあると察知したからこその対応だろう。ちなみにこのときも信長は上洛中であった。これは次節で詳述する。

それではこのときの勝頼の意図はどこにあったのだろうか。

いま述べたように信長は上洛中であったが、その時点ですでに四月に河内《かわち》の高屋城《たかや》（大阪府羽曳野市）や大坂本願寺《おおさかほんがんじ》（同大阪市）を攻撃するための命令を発しており、それは武田方の耳にも入っていた。畿内《きない》近くにあったとみられる足利義昭側近の大和孝宗《やまとたかむね》が、三月十五日付で武田一族の穴山信君《のぶただ》に宛てて、信長の出陣命令を伝えている（『於曽《おぞ》文書』）。

信長の標的になっていた高屋城や大坂は、いうまでもなく本願寺およびそれに味方する勢力を指す。信玄が信長との同盟を破棄して徳川領に攻撃を仕掛けて以降、いわゆる〝反信長包囲網〟の一員として、武田氏と本願寺は連携していた。武田軍は三河侵入後足助城を攻撃してこれを陥れるが、このことを本願寺方の杉浦《すぎうら》紀伊守《きいのかみ》に伝えた四月二十八日付の書状のなかで、勝頼は「この所畢竟《ひっきょう》織田上洛のうえ、大坂へ取り懸け候《そうろう》由候の条、後詰第一の行《てだて》に候」と、この軍事行動の意図について述べている（田中義成氏所蔵『武田勝頼書状』）。つまり本願寺を助けるための後方支援であるというのである。

もちろん本願寺方の人物に宛てての書状だから、それを念頭に色よい文面にしていることもあるだろうが、信長に敵対している勢力同士のこと、相手を助けるための行動であるという説明に偽りはないであろう。ただ、武田軍が足助へと向かった理由が、この勝頼の発言だけから納得できるかといえば、かならずしもそうではない。

武田軍の三河侵入

武田軍の三河への侵入、足助城攻略とそこからの動きについて、史料によりもう少し確認してみたい。

足助方面に侵入した武田軍は、まず山県昌景や武田信豊らが率いる先鋒《せんぽう》部隊が四月十五日に足助城の攻撃を開始し、城主鱸《すずき》（鈴木）越後《えちご》は十九日に降伏して開城する。その状況を受け、足助近辺の浅賀井《あざかい》・阿須利《あずり》・八桑《やくわ》・大沼《おおぬま》・田代《たしろ》といった「小城」を守っていた徳川方の兵も自ら城を放棄して去った。この様子は、四月晦日付で山県昌景が駿河江尻《えじり》城（静岡県静岡市）に在番していた孕石元泰《はらみいしもとやす》に宛てた書状（『孕石文書』）、おそらくおなじ日に武田信豊が岩手信景《いわてのぶかげ》（孕石元泰同様この侵入作戦には参加していない）に宛てた書状（『徴古雑抄《ちょうこざっしょう》所収文書』）からわかる。

足助城降伏ののち、二人とも「足助方面は一段落したので、東三河方面に兵を動かされた」と書き、作手経由で、野田の菅沼定盈を攻めた。定盈は天正元年（一五七三）に野田城を開城して武田方に降伏し捕縛されたあと、武田方と徳川方の人質交換によって解放されて野田に戻り、野田城近傍の「城所浄古斎古屋敷《きどじょうこさいふるやしき》」という古跡を修築して守っていたという

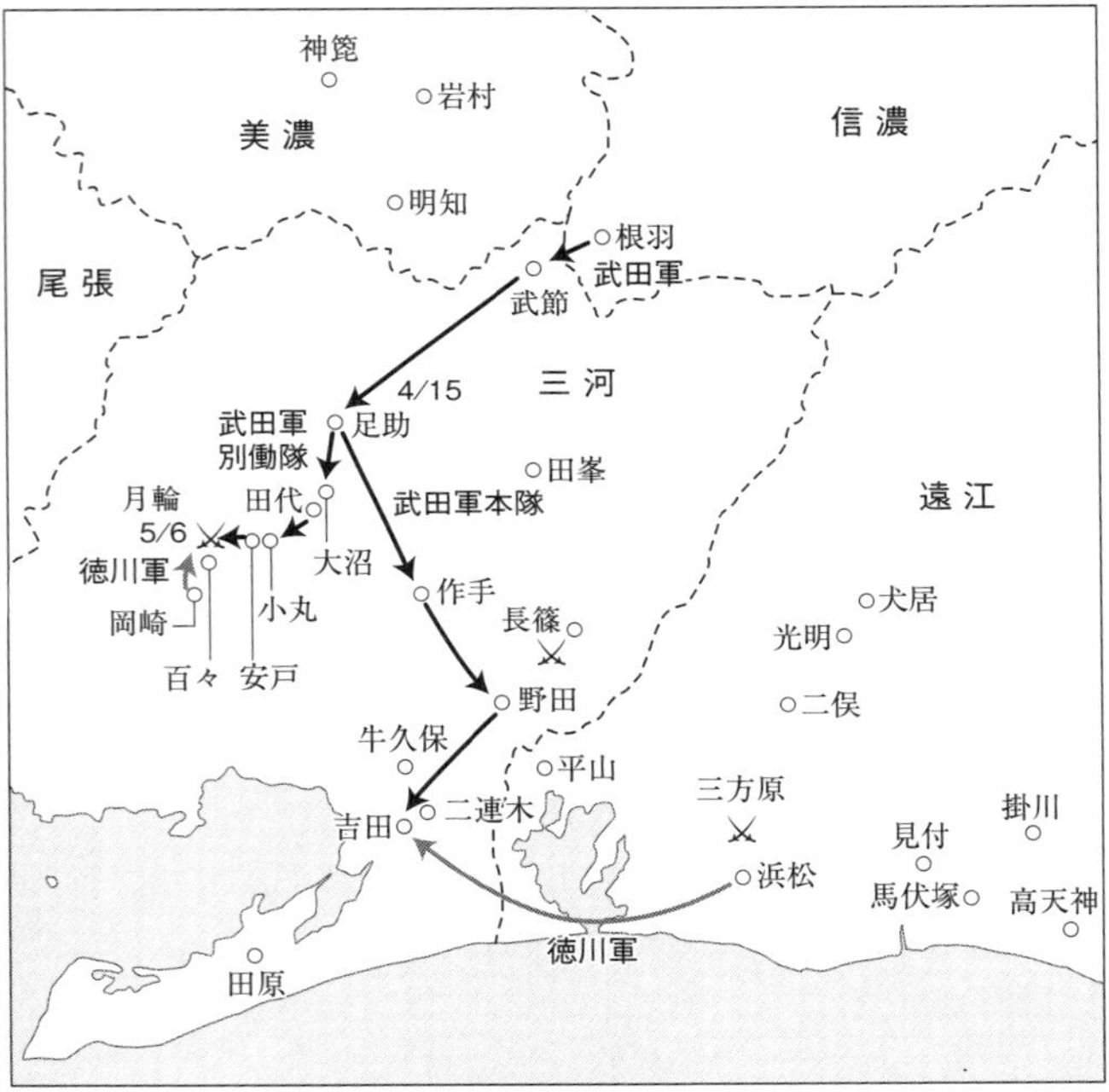

図3　天正3年の武田軍侵攻ルート

（『当代記』『譜牒余録後編』）。

武節を経て西の足助城を攻めた武田軍は、先鋒部隊が南東に移動し、天正元年の信玄侵攻のときのように野田攻略に取りかかったのである。長篠城が徳川方となったため、同城を迂《う》回《かい》してふたたび野田攻めをおこなったともみえるが、西に向かっていた武田軍が南東に進路を変更したのは多少不可解に映る。

ここで勝頼率いる本隊の動きを考えてみよう。以前わたしは、江戸時代でも比較的早い時期に成立したとされる『松平記《まつだいらき》』『甲陽軍鑑《こうようぐんかん》』『家忠日記《いえただ》増補追加』などにある記事により、本隊は遠江の平山越《ひらやまご》え（静岡県浜松市）から直接野田に至ったのではないかと推測した。約二年前の信玄の三河侵攻のときとおなじく、先鋒は信濃から、本隊は遠江から、二手に分かれて三河に入ったと考えたのである。

ところがその後、このときの武田軍の三河侵攻を検討した結果、勝頼本隊も先鋒部隊同様に足助口から侵入したのではないかという説が提起された。根拠は右に触れた昌景と信豊の書状である。それらでは、「御隙《おひま》を明けられ」、「御陣を遂げられ」と敬語表現を用いて動きが述べられているから、主語は勝頼ではないかというのである（村岡幹生『戦国期三河松平氏の研究』）。つまり時間的な前後はあれ、武田軍はほぼ全軍を挙げて信濃から三河に入り、足助へと向かったことになる。

大岡弥四郎事件

たしかにこの指摘には説得力がある。後述する家康の動きをみても、このとき勝頼本隊が遠江経由で移動したと考えるよりは、信濃から直接東三河北部に入ったとしたほうがよさそうである。

そうなると次の問題は、全軍を挙げて足助方面に侵入した武田軍が、約二年前とは異なる径路で西へと向かっていたにもかかわらず、足助城攻略後は南東に進路をとった理由である。

この問題については、このときの勝頼の三河侵攻の直接的なきっかけをめぐる近年の研究に注目したい。実はこのときの武田軍の目標は、徳川方の西三河の拠点・岡崎城《おかざき》(愛知県岡崎市)だったという説である。

これに深く関係すると思われるのが「大岡弥四郎事件《おおおかやしろう》」と呼ばれるできごとである。『新編岡崎市史2』(新行紀一執筆)のなかで、十七世紀に岡崎で成立した地元の記録『岡崎東泉記《とうせん き》』『伝馬町旧記録《てんまちょう》』により注目されて以来、多くの研究者が勝頼の三河侵入の契機となった事件として位置づけている(柴裕之『戦国・織豊期大名徳川氏の領国支配』・平山優『敗者の日本史9　長篠合戦と武田勝頼』・黒田基樹『家康の正妻築山殿』・村岡前掲書など)。

家康の馬取りから出世し、岡崎の町奉行の一人として岡崎近郷の支配も任されて富裕を誇った大岡(史料によっては大賀《おおが》)弥四郎という者が、仲間と語らって徳川氏への謀叛《むほん》を企《たくら》み、武田氏に内通して、武田軍を足助筋から岡崎の町に引き入れ、城を乗っ取ろうとした。足助筋というのは『伝馬町旧記録』にある表現で、『岡崎東泉記』には「城ヨリ北足助大樹寺《だいじゅじ》口」とある。ところが弥四郎の仲間の一人山田重英《やまだしげふさ》が密告して露顕し、陰謀は未遂に終わった。弥四郎は捕らえられ、処刑されている。

この弥四郎らの企ては、当時岡崎城主であった家康嫡男信康《のぶやす》の家臣たちを糾合して武田方を岡崎に引き入れ、徳川氏の新たな当主として信康を立てて、武田方と手をむすぼうとした「一揆《いっき》」だとされている(『新編岡崎市史2』・柴前掲書)。

前述のように、このときの徳川氏は、遠江・三河北部を支配下に入れた武田氏から圧迫を受け、さらに前年には高天神城まで奪われており、重大な危機を迎えていた。そこで西三河の岡崎にいる信康を新たな当主として、徳川氏を立て直そうとしたのであろうか。さらに、この背後に家康正室（信康生母）の築山殿《つきやまどの》があったと推測し、四年後の天正七年（一五七九）に信康と築山殿が殺害された、いわゆる「信康事件」の萌芽《ほうが》をみる考え方もある（黒田前掲書）。

大岡弥四郎事件については、この事件を記した史料として成立時期が最も古い『三河物語』に天正三年（一五七五）のこととあるだけで、具体的な時期は明記されていない。ただし武田軍の侵入と連動しているのであれば、この四月以外に考えられない。弥四郎を密告した山田重英の子孫が江戸幕府に提出した書上《かきあげ》（上申書）には、「勝頼が二万の軍勢で武節まで出張してきたが、この陰謀が露顕したため二連木《にれんぎ》表に出た」とある（『譜牒余録後編』）。後述するが二連木（愛知県豊橋市）は吉田城近くの城である。書上では足助でなく武節としているが、陰謀（露顕）と武田軍の行動に因果関係をみている。

つまり、足助口から三河に侵入し、足助城を落とした武田軍がそのまま西へ向かわず野田方面に出たのは、弥四郎の陰謀が露顕して、岡崎奪取という当初の目標が潰《つい》え、攻撃目標の変更を余儀なくされたのが理由だったと推測されるのである。

吉田城をめぐる攻防戦

さて、岡崎を諦《あきら》め野田方面に目標を切り替えた武田軍のその後の動きをみてゆこう。武田軍は菅沼定盈のいる城所浄古斎古屋敷を攻めようとしたが、定盈は武田軍の旗を目にするなり城を捨てて逃亡したという。山県昌景らは定盈を討ち漏らしたと悔しがっている。その後四月二十九日に武田軍は吉田方面に馬を向ける。野田からさらに軍勢を南下させたことになる。

そのとき、吉田の手前にある二連木城を攻撃しようとしたが、ここでも昌景らの部隊が城の搦手《からめて》（裏門）に回ったところで城内の兵が城を明《あ》け退《の》いた。この時点で浜松から家康が移動し、吉田城に入っていたようである。家康がいつ吉田に入ったのかは定かでないが、武田軍の三河侵入以降になるだろう。勝頼本隊が先鋒部隊と別行動をとって、遠江経由で吉田方面に入ったとするなら、家康が勝頼本隊の西への行軍に手出しせず、ただおなじように平行移動して吉田に入るというのも考えてみれば妙なので、やはり勝頼本隊も信濃経由で三河に侵入したと考えるべきなのだろう。

二連木落城後、吉田城から家康が兵を率いて出撃してきた。『三河物語』には、両軍は「はぢかみ原」で戦ったとある。ちょうど吉田城と二連木城の中間に「薑《はじかみ》御園《みその》」という伊《い》勢神宮《せじんぐう》領があったとされているので（『日本歴史地名大系』）、その付近で野戦があったと推測される。山県昌景は、家康の軍勢を二千余としている。江戸時代前期に書かれた『大須賀《おおすが》家蹟《せき》』には「味方は小勢ゆえ家康の御出陣はなかった」とあり、出撃したとしても武田軍に太刀《たち》打《う》ちできないほどの人数差があったようだ。

武田軍は徳川軍を二連木城の際《きわ》から吉田城まで追いこみ、徳川軍は「切所を執って」（この場合は、「追撃するのにむずかしい場所を押さえたうえで」といった意味か）吉田城に退散したという（『孕石文書』）。

勝頼が、今回の出陣は「後詰第一の行《てだて》」であると述べたのは、四月二十八日付の書状であった。吉田城攻撃の前日にあたる。すでに軍を野田から吉田近辺に移していた頃になるだろうか。この書状では大岡弥四郎事件に一切触れられていないが、目標変更後のことであった。ただしこの書状のなかで、足助城周辺は制圧したので、「このうえ三河・尾張の国中《くになか》へ乱入し、是非を決したい」とも書いている。この時点でもなお尾張への侵出を諦めていなかったかどうかはともかく、本願寺の後詰ということであれば、織田氏との対決も諦めていないことは最低限伝えておこうというつもりだったのかもしれない。

もとより勝頼は、少なくとも岡崎方面への攻撃をまったく諦めたわけでもなかったようである。

青山忠門《あおやまただかど》という徳川方の武士は、武田軍が岡崎近辺に乱入してきたためにこれを迎撃し、五月六日に月輪《あちわ》（阿知和）村（愛知県岡崎市）にて討死したという（『寛永諸家系図伝』）。武田軍が来襲したのは、小丸《こまる》・安戸《やすど》（いずれも岡崎市）という地であり、ここは足助城落城後に放棄された大沼・田代などの「小城」から岡崎へ向かう途中にあって、月輪村は、そこからさらに岡崎に近づき、岡崎城の北約四・五キロ、徳川家の菩提寺《ぼだいじ》である大樹寺のすぐ北に位置する。

忠門の伝には、弥四郎の陰謀が露顕したことを勝頼は知らずに兵を足助まで進め、先手《さきて》（先鋒）の兵が小丸・安戸に来襲したとある。ただ、忠門が討死したとされる五月六日は、すでに武田軍が長篠城を包囲している時期にあたるため、忠門が相手にした軍勢は、岡崎にある程度の兵を釘付《くぎづ》けにしておくため、野田・吉田・長篠を攻撃する本隊とは別に編制された小規模の部隊であったと考えておきたい。

「長篠へひと働き」

二連木城近くから吉田城へと家康軍を押し戻した武田軍は、このまま家康の籠もる吉田城攻撃をおこなったのかといえば、そうではない。吉田城での攻防戦があった翌々日の五月一日から、長篠城を包囲して攻撃を開始したのである（『当代記』）。この間勝頼のなかでいかなる方針の変化があったのだろうか。吉田でのいくさがあった翌日の四月晦日、ちょうど先に触れた山県昌景や武田信豊が出した書状とおなじ日付で勝頼が出した書状が残っている（『水野寿夫氏所蔵文書』）。宛所は下条信氏《しもじょうのぶうじ》。彼は十九日の足助城落城後、同城の在番を命じられ（『孕石文書』）、吉田・長篠への軍事行動には参加していない。

勝頼の書状は次のような内容である。

作戦の模様を心配してわざわざ使者を遣わしてきてくれてありがとう。菅沼新八郎（定盈）が楯籠《たてこ》もる野田の城を攻め落とし、敵百人ほどを討ち取った。昨日二十九日には家康が籠もっている吉田城に向かって兵を出し、二連木城をはじめ悉《ことごと》く放火して、東三河をすべて制圧し、ほぼ自分の思ったとおりになっている。このうえは長篠へひと働きしようと思っている。煩わしい仕事だがわかっているぞ。そちらの城の守備と普請《ふしん》に念を入れてくれれば喜ばしい。

なお信長の動きについて、いろいろな手立てで情報を集め、報告してくれることを待っている。

このなかで勝頼は、野田・吉田攻めの戦果を知らせたうえで、武田軍の次の目標は長篠城だと信氏に伝えている。この部分の原文を読み下すと、「この上長篠へ一動きこれを催すべく候」とある。ここにある「一動き」は、右に示した現代語訳のように「ひと働き」と読んで、いまわたしたちが使っているように、主目的としていた仕事の区切りがついたあと、余力をもって「もうひと働き」するという意味に解しておきたい。

実際この書状の翌日から長篠城攻めが開始される。勝頼は遅くともその前日の四月晦日時点で、次の目標を長篠城に切り替えており、即座に行動に移したのである。出陣の主目的であった岡崎城攻めが頓挫《とんざ》し、次に向かった吉田城では家康が籠もったという状況を受け、勝頼は「このうえ」でまたしても軍勢を北東に反転させ、約二年前に奪われた長篠城を攻略するという「ひと働き」を選択した。

この書状にとくに注目したのは、武田軍による長篠城攻めは、このときの勝頼出陣の当初の目的ではなく、様々な状況が変化していったすえにとられた行動であったことを示したかったからである。「ひと働き」の語感を大事にするなら、勝頼は長篠城攻めに長い時間をかけるほど深入りすることまでは考えていなかったといえるのではあるまいか。『大須賀家蹟』に、吉田城攻めのあと、勝頼は「帰りに」長篠城を取り巻いたとあるのも、この推測を強くあと押しする。

長篠城攻め

長篠城は、寒狭川《かんさがわ》（いまの豊川《とよがわ》）と大野川《おおのがわ》（いまの宇連川《うれがわ》）の合流点北部に扇状《せんじょう》に広がる台地上に構えられた城郭であり、双方の川岸が断崖《だんがい》になっている天然の要害である。東三河の中心である吉田城や、家康の居城浜松城からも近く、武田氏の領国信濃から三河南部へと通じる街道近くに位置する交通の要衝でもあった。

約二年前に徳川方の手に落ちたあと、家康は五井松平景忠を在番させたことはすでに述べた。その後天正三年（一五七五）二月に奥平信昌を城番としてあらためて配置し、ここを守備させていた（後述）。

武田軍は長篠城を厳重に包囲した。『信長記』（池田家文庫本）によれば、勝頼は円通寺山《えんつうじやま》に陣したとある。ここは長篠城の北にある大通寺山《だいつうじやま》を指すのではないかとされている。菅沼氏が江戸幕府に提出した書上や江戸時代中期に編まれた編纂物によれば、勝頼は医王寺山《いおうじやま》に布陣し、鳶巣山《とびのすやま》に付城《つけじろ》（敵城を攻めるため構築した砦）を構えて一族の武田信実《のぶざね》を置き、さらに中山《なかやま》（山中山《やまなかやま》とも）・君《きみ》が伏戸《ふしど》・姥《うば》が懐《ふところ》・久間山《ひさまやま》などにも付城を構えたという（『譜牒余録後編』『武徳編年集成』）。医王寺は大通寺山の北五百メートルの場所にある。

図４　鳶巣山砦跡から見た長篠城跡。著者撮影

鳶巣山以下の付城は、大野川を挟んで長篠城の東から南東の山に位置する（高柳光壽『戦国戦記　長篠之戦』）。このうち山中山・久間山は、約二年前に徳川氏が長篠城を攻撃したときに「向城《むかいじろ》」を設けた場所である（『武徳編年集成』）。これら付城が設けられた山か

らは長篠城を見下ろすことができ、城内の様子がよくわかる。史料からはわからないが、おそらく寒狭川を挟んだ長篠城の西にも、ある程度の軍勢が配置されたものと思われる。

長篠城の攻防戦については第四章でも触れるので、ここでは『信長記』と『当代記』から武田軍の動きに絞ってみてゆきたい。

包囲を開始したのは前述のとおり五月一日であり、武田軍は竹束で仕寄《しよせ》をおこない（城からの攻撃に備えるための遮蔽物《しゃへいぶつ》をつくり）、ところどころに金掘衆《かなほりしゅう》（鉱山労働者）を使って城の防御設備を崩すための工作をおこなった。武田氏は城攻めのさいに金掘衆をよく用いていたという。いまでいえば工兵隊といったところだろう。

五月六日には、長篠城攻めの軍勢が吉田城の北約四キロの場所にある牛久保表（愛知県豊川市）まで出撃し、ところどころに放火したうえ、帰陣のときに橋尾《はしお》（同一宮町）の堰《せき》を破壊していったという。橋尾堰は東三河の灌漑《かんがい》にとって重要な施設であったため、この年この地域は水不足による損害を受けたとされている。『当代記』は、「城攻めのとき、このような破壊工作はしないものだ」と批判的に記している。橋尾堰破壊は、農業生産に対する妨害（兵粮攻めの一環）というだけでなく、長篠城の後詰に駆けつけようとする徳川軍の動きを牽制するものだろうか。

武田軍はさらに五月十一日・十三日と城攻めをおこなったものの、城内の軍勢は損害を出しながらもこれを撃退した。江戸時代中期以降に編まれた記録には、城内の兵は二百人ないし二百五十人とされる少数の兵であったとある。ただしこの人数には疑問が呈されている（太向義明『長篠の合戦』）。

そこで、長篠城に籠城《ろうじょう》していた兵力はどの程度であったのか考えてみたい。『武徳編年集

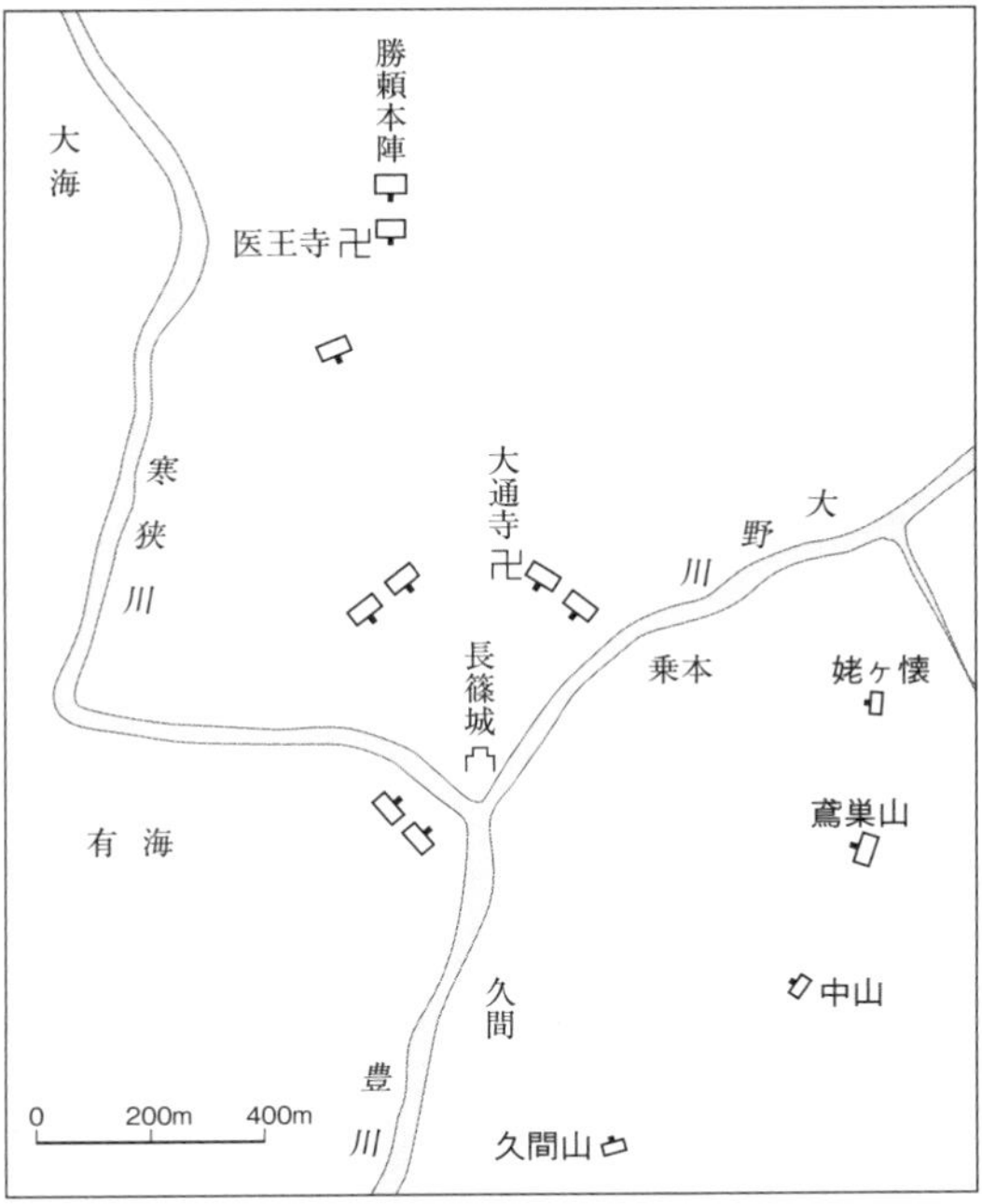

図５　長篠城攻囲図。高柳光壽『戦国戦記　長篠之戦』所載の図を元に作成

成』には二百人・鉄砲二百挺、江戸時代末期頃に編まれた奥平氏の家譜『御家譜編年叢林』には二百五十余人とある。

『甲陽軍鑑』巻八所収「甲州武田法性院《ほっしょういん》信玄公御代惣人数事《そうにんずうのこと》」では、武田氏に従属していた時期の奥平美作守《みまさかのかみ》（定能）の軍役を百五十騎とする。前々年に奥平氏が分裂したこと、また定能は鳶巣山砦攻めの別働隊にあったことなどを考えると、信昌の手勢は、多く見積もってもその三分の一の五十騎程度だろうか。武田氏は一騎につき雑兵《ぞうひょう》三人ないし五人連れという規定があったとのことなので（平山優『新説 家康と三方原合戦』）、奥平氏の兵だけで二百人から三百人程度はいた可能性はある。右に挙げた数字が奥平氏の兵力だけとすれば近似する。

これに五井・福釜《ふかま》の両松平氏の兵力がくわわるので、籠城兵の総数はもう少し多かったのかもしれない。はっきりした兵力はわからないものの、五月一日から、長篠合戦当日二十一日までの二十一日間、右に推測した程度の軍勢で武田軍の攻撃を耐え忍んだわけである。

この間城内からは、援軍を求める使者・鳥居強右衛門《すねえもん》（史料では「鳥居強右衛門尉」とも）が派遣された。彼は信長と家康に来援を急ぐように懇願し、この返事を城内にもたらそうとしたときに、長篠城を包囲する武田軍の陣中において捕らえられ、処刑されたという有名な挿話がある。強右衛門の話については別に書いたので、彼に興味をお持ちの方はそちらを参照されたい（拙著『鳥居強右衛門』）。

設楽郷の地形

長篠城攻めに入る前から、勝頼が信長の動向を気にしていたことは、先に引用した書状からわかる。そこでは、足助城に残した下条信氏に対し、信長軍の動きをつかんで知らせるように命じていた。信長は、勝頼が書状を出した前日の四月二十八日、京都から岐阜に帰ってきていた。三河からの危急の知らせを受けてのものだろう。

勝頼が五月一日から長篠城包囲をつづけているあいだ、信長・信忠父子率いる織田軍は十三日に岐阜を出発し、十四日に岡崎に入り徳川軍に合流した（『信長記』）。江戸時代初期に出版された軍記『甫庵信長記』では、鳥居強右衛門が信長・家康に来援要請を伝えたのが岡崎であったとする。

その後織田・徳川軍は東に陣を進め、十六日に牛久保城に入り、十七日には野田原（野田城付近の開けた地ということだろう）、十八日に設楽《したら》郷に進み、信長は極楽寺山《ごくらくじやま》、信忠は新御《にいみ》堂山《どうやま》、家康は高松山《たかまつやま》にそれぞれ布陣した（『信長記』）。これらの山々は、二十一日にいくさがくり広げられる、連吾川が流れる低地の西方に位置する。家康が布陣した最前線の高松山（現在弾正山《だんじょうやま》と呼ばれる地が該当すると考えられている）は、長篠城から直線距離にして約三キロの距離がある。

ここで合戦の舞台となった場所の地形について概観しておきたい。

織田・徳川軍が布陣した設楽郷は、野田（野田原）の東、右に挙げた山々から西側の、大《おお》宮川《みやがわ》周辺の低地にあたると考えられている（小林芳春編『徹底検証 長篠・設楽原の戦い』・藤本正行『長篠の戦い』）。『徹底検証 長篠・設楽原の戦い』によれば、長篠城から設楽郷にかけて、標高六十メートル程度の低地と百メートル前後の丘陵が交互に並んで三つの台地を形成している。長篠城に近いところから西に、有海原台地・信玄台地・弾正山（段上）台地である。

各台地のあいだには、北から南へ浅い川が流れ、豊川に注いでいた。有海原台地と信玄台地のあいだが宮下川《みやしたがわ》・五反田川《ごたんだがわ》、信玄台地と弾正山台地のあいだが連吾川、弾正山台地の西が大宮川である。それぞれの川は、台地が切れたあと、豊川への合流点近くになると、人馬を拒絶する深い谷になっている。つまり、人馬がある程度動きやすい低地は、台地が切れたところから、川が谷になる前のきわめて狭い区域になる。

『信長記』に「あるみ原」の描写があるが、これは、最も長篠城に近い有海原台地だけを指すのではなく、信玄台地・弾正山台地や設楽郷も含んだ地域を指すと指摘されており（藤本前掲書）、それに従いたい。

勝頼、有海原へ

さて織田・徳川軍は設楽郷で進軍を止めた。この様子を勝頼はどのようにみたのだろうか。

ちょうど長篠合戦前日にあたる五月二十日付で勝頼が家臣の今福長閑斎《いまふくちょうかんさい》（平山優「長閑斎考」）と三浦員久《みうらかずひさ》に宛てた書状二通が残っている（『武田勝頼書状』『桜井文書』）。長閑斎は駿河久能《くのう》城代（静岡県静岡市）であり、員久は同国田中《たなか》城（同藤枝市）に在番していた。後方にあった家臣たちから陣中見舞の書状が届けられたその返事にあたる。二通はほぼ同文であり、次のような内容である。

　当方の様子を心配して、わざわざ飛脚を遣わしてきてくれてありがとう。ほぼ自分の思ったとおりになっているので安心してほしい。長篠城を攻撃したところ、信長と家康が支援のため出陣してきた。しかし、さしたることもなく対陣したままである。どうやら敵はなすすべを失い、はなはだ困っている様子なので、一気に敵陣を攻撃し、二人を討ち取って本意を遂げようと思う。うまくいきそうである。そちらの城の守備も用心してほしい。

勝頼は、織田・徳川軍が十八日に進出してきたけれども、「さしたることもなく対陣したまま」（原文読み下しは「さしたる儀なく対陣に及び候」）であり、「なすすべを失い、はなはだ困っている様子」（おなじく「敵てだての術《すべ》を失い、一段逼迫《ひっぱく》の躰《てい》」）だと見た。もちろん物見《ものみ》などを派遣して偵察させた結果を聞いての観測だろう。十八日から二十日までその場を動かなかった敵軍の様子を知り、攻撃する好機だと判断したのである。

そこで勝頼は動いた。『信長記』によれば、長篠城包囲のため七人の部将が率いる部隊を残し、寒狭川を渡って西に進み、織田・徳川軍が布陣する場所から連吾川の低地を挟んだ東側のいわゆる信玄台地までの地域に武田軍を展開させたのである。奥三河の山家三方衆の軍勢もくわえ、一万五千ばかりの人数が十三箇所に陣取ったという。

江戸時代中期に成立した軍記『総見記』は、勝頼が陣を構えた場所を清井田原《きよいだはら》とする。ここは現在この地名（清井田）がある場所から推すと、前述の有海原台地にあたる。現在勝頼本陣跡と伝えられている才の神《さいのかみ》と呼ばれる場所が、清井田の丘陵から五反田川が流れる低地を越えてさらに西に位置する信玄台地にある。最近、才の神では前線に近すぎるため、長篠合戦の開戦時の勝頼陣所は清井田付近である可能性が指摘された（黒嶋敏『戦国の〈大敗〉古戦場を歩く』）。

『信長記』の作者太田牛一は、この勝頼の判断について、「川を前にして鳶巣山にそのまま陣取っていれば何も問題がなかったのに」（実際には勝頼は鳶巣山にいたわけではないが）と、長篠合戦の敗因がここにあったかのような書き方をしている。織田・徳川軍の大勝という結果を知っているからこその書きぶりだと思う。しかし二十日の時点では、勝頼は勝算があって軍勢を動かしたはずである。

このとき勝頼は、織田・徳川軍の兵力を少なく見積もったことにくわえ、右の書状にあるように「逼迫の躰」であること（臆していること）で前進の決断をしたのではないかという（藤本正行『再検証長篠の戦い』）。ではなぜ勝頼は敵を少なく見積もり、その様子を「逼迫」とみたのだろうか。次に、五月二十一日の合戦に至るまでの信長の思惑と動きについて、勝頼から視点を移して考えてみよう。

2　なぜ馬防柵と鉄砲なのか——織田信長の場合

長篠合戦と信長の思惑

織田・徳川軍は、設楽郷に布陣したあと、その場に馬防柵を構築した。また来援にあたり、臣従している長岡藤孝《ながおかふじたか》（細川《ほそかわ》藤孝。のち出家して幽斎《ゆうさい》）や筒井《つつい》順慶《じゅんけい》らの家中から鉄砲兵を集め、派遣させている。それを考えると、前章でみたように、信長はいかにも最初からこの場所を決戦の地と定め、柵に向かって突撃してくる武田軍を鉄砲で撃破するという戦術をとって勝利を得ようとしていた、武田軍が信長の術中にはまったのが長篠合戦だ、と思いたくなる人が多いのではあるまいか。さすが信長はいくさの天才である、と。

しかし前節でみたように、紆余曲折《うよきょくせつ》があって、勝頼は結果的に長篠城攻めに至ったのである。おなじように信長にも、右のような作戦をとるに至った背景があったはずである。そのあたりの事情を探るのが本節の課題となるが、そのためには前節同様、少し時間をさかのぼってみてゆく必要がある。

包囲網との戦い

元亀三年（一五七二）十月に武田信玄が信長との同盟を破棄して徳川領に侵入したとき、信長は足利義昭とともに武田氏と上杉氏の和睦に向けて尽力していたところであった。それゆえに信玄離反という寝耳に水の知らせを受けた信長は激怒し、「幾重も遺恨が休まらない」、「未来永劫《えいごう》、再び関係をもつことはない」という感情を上杉謙信にぶつけている（『歴代古案』）。

同年十二月に起きた三方原合戦では、織田氏から援軍として佐久間信盛《さくまのぶもり》・平手汎秀《ひらてひろひで》を大将とする兵が派遣されたが、織田・徳川軍が敗れる過程で汎秀が討死するなどの損害を蒙《こうむ》った（『信長記』）。

信玄は越前《えちぜん》の朝倉義景《あさくらよしかげ》との連携を試みたが、義景は動かなかった。いっぽうで同年末頃から信長と義昭の関係も険悪になっていた。義昭を軸にした〝反信長包囲網〟が形成され、武田氏・朝倉氏・浅井《あざい》氏にくわえ、大坂本願寺もこれに荷担した。義昭は翌元亀四年（一五七三）二月に信長に対して挙兵するが、このときは信長が「君臣間の儀」であるからと義昭を説いて和睦に持ちこんでいる（『細川家文書』）。

しかし三月下旬、ふたたび義昭は信長に対して挙兵する。信長は岐阜を発って三月二十九日に京都に入り知恩院《ちおんいん》に陣取った（『信長記』『年代記抄節』）。そして四月四日、上京《かみぎょう》に火を放ち焼き払った。上京は当時の洛中の北に位置する区域であり、禁裏《きんり》御所や公家衆《くげしゅう》の邸宅などがある政治の中心地であった。

信長の上京放火の意図について、義昭が将軍として京都住民に安全の責任を負うべき立場にあるにもかかわらず、それを全うできずに、住民から見放され、将軍失格の烙印《らくいん》を押されたことを世の中に示すためであったと論じられている（神田千里『戦国時代の自力と秩序』）。このときは正親町《おおぎまち》天皇が仲介に入ったこともあり、両者はふたたび和睦した。ところが義昭は七月にみたび挙兵し、山城槙島城《やましろまきのしま》（京都府宇治市）に移って抵抗の構えをみせた。織田軍は槙島城を攻撃してこれを落とし、義昭は畿内から退くことを余儀なくされたのである。義昭退去直後の七月二十八日、元亀の年号が天正と改元される。

この間、四月に信玄が病没したことは前節で述べたとおりである。義昭を屈服させたのち、信長はその勢いを駆って〝反信長包囲網〟の一角を担った越前の朝倉義景と北近江の浅井長政《ながまさ》を相次いで攻め、彼らを討ち滅ぼすことに成功した。八月から九月にかけてのことである。この時点で畿内に残る大きな敵対勢力は大坂本願寺のみとなった。ただ、その本願寺（門主顕如《けんにょ》）も、この年の十二月に信長と和をむすんでいる（『西本願寺所蔵文書』）。

天正二年の危機

しかし大坂本願寺は、翌天正二年（一五七四）四月には信長にふたたび敵対した。結果、この年の信長は、本願寺、およびその門徒集団（一向一揆《いっこういっき》）との戦いに忙殺されることとなった。前節で述べたように、天正二年は、勝頼が東美濃や高天神城を攻撃するなど、織田・徳川領国が武田氏から圧迫を受けた時期でもあるが、畿内でもなお予断を許さない状況がつづいていたのである。この年の経過は旧著『織田信長〈天下人〉の実像』でも概観したことがあるので、それにも拠りながら時間を追ってみてゆこう。

天正元年八月に朝倉義景を討って越前を支配下に置いた信長は、その数年前に従っていた朝倉氏旧臣の前波吉継《まえばよしつぐ》を同国の守護代（代官）として当地の支配を任せた。ところが吉継は栄耀栄華《えいようえいが》に誇り、傍若無人のふるまいがあったため、国内武士の反発を招いた。その結果、吉継と一緒に朝倉氏から離れ、義景滅亡後越前府中《ふちゅう》城を与えられた富田長繁《とだながしげ》に攻められ、自刃する（『信長記』『尋憲記《じんけんき》』『朝倉記《あさくらき》』）。

このような越前国内の混乱に乗じて一向一揆が蜂起した。『朝倉記』によれば二月上旬のことだという。長繁は結局一向一揆に討たれる。信長は一向一揆に対抗するため、羽柴秀吉《はしばひでよし》・丹羽長秀《にわながひで》らを敦賀《つるが》（福井県敦賀市）に派遣するものの（『信長記』）、一揆の勢力拡大を抑えることはできなかった。信長が義景を討ってから半年ほどで、越前は一向一揆の支配する国となった。

前節で触れたように、天正二年（一五七四）二月に信長は東美濃に侵入した武田軍を迎え撃つため神篦《こうの》まで出陣していた。帰陣したのは同月二十四日のことである（『信長記』）。

その後四月初旬に本願寺が信長に対して挙兵する。これに呼応して、三好一族の三好康長《やすなが》と、河内国の守護であった畠山《はたけやま》氏の家臣・遊佐信教《ゆさのぶのり》が河内高屋城に拠って信長に抗した（『信長記』『年代記抄節』）。信長はこのとき在洛中であり、先鋒部隊を本願寺方面や河内に派遣して、田畠《でんぱた》の作毛《さくもう》（稲や麦などの立ち毛）を薙《な》いだり、ところどころを焼き払ったりしている。『年代記抄節』は、このとき本願寺方についた勢力として、摂津《せっつ》の池田勝正《いけだかつまさ》や三宅《みやけ》氏ら国衆、室町幕府の有力者・細川京兆家《けいちょうけ》（細川家の嫡流）の被官《ひかん》（家臣）であった香西《こうざい》氏、さらに紀伊の一向宗徒で本願寺の中心的な兵力でもあった雑賀衆《さいかしゅう》の名を挙げている。織田軍は四月二十八、九日に京都に戻ったという。

五月に高天神城危急の知らせを受け、信長は同月中に京都から岐阜に帰った。奈良興福寺《こうふくじ》の僧侶《そうりょ》が記した『多聞院日記《たもんいんにっき》』や『年代記抄節』には、十六日に京を発ったとあるが、『信長記』には、二十八日に岐阜に帰ったとある。京都から岐阜まで十二日というのは時間がかかりすぎる。この間何か事情があったのか、あるいは記録の誤記なのか、はっきりしない。

高天神城は六月に降伏するが、信長は六月十四日に岐阜を出発し、十九日に今切を渡ろうとしたところで降伏の一報を聞いて引き返したことは前述した。

その後天正二年（一五七四）後半の信長は、一向一揆勢力との対峙《たいじ》に注力した。自身は七月十三日に伊勢長島《いせながしま》の一向一揆を攻めるために出陣し、この集団を徹底的に殲滅《せんめつ》して九月二十九日に岐阜に帰っている。いっぽう畿内では、八月から九月にかけて、佐久間信盛・明智光秀・羽柴秀吉・丹羽長秀・長岡藤孝ら織田氏の主だった部将たちが摂津・河内に出陣し、本願寺やこれに与する勢力と戦い、河内萱振《かやふり》城（大阪府八尾市）を落とすなどの戦果を挙げている。

以上のように、天正二年の信長は、自領や徳川領に対する勝頼の攻撃に対処するだけでなく、畿内の本願寺勢力、さらに越前や長島の一向一揆との戦いに精力を傾けることになったのである。信玄との対立からこの天正二年までの信長をめぐる情勢を詳しくみてきたのは、こうした情勢が、翌三年に勝頼が三河に侵入してきたときの対応に強い影響を与えていると考えるからにほかならない。

武田氏の侵攻に備える

天正三年（一五七五）二月二十八日、家康は長篠城に奥平信昌を置いた。前々年に徳川方に従った奥平定能・信昌父子だが、奥平氏の分裂により居城作手の亀山城は武田方として残った定能の父道紋らが押さえたままであり、父子は作手を離れ、その東に位置する宮崎《みやざき》（愛知県額田町）の滝山《たきやま》城に拠っていた。

信昌が長篠城に置かれたことを記す『当代記』には、「日下与の城無きによってなり」と理由が書かれている。「日下与」がわからないが、「しかとした城がない」（徳川方としての父子が拠るに適当な城がない）という意味だろうか。前述のように、長篠城を落とした家康は、一族の五井松平景忠を在番として置いていたが、天正元年の攻防戦のさいの徳川方の攻撃により城内の建物が焼失したままの状態であったらしく、長篠城に入った信昌はまずこれを修築したという。

三月に入ると信長は、近江鎌刃《かまは》城（滋賀県米原市）に蓄えられていた米二千俵を家康に送った（『当代記』）。鎌刃城は、元亀元年（一五七〇）に信長に降ったが、その後天正二年に所領を召しあげられた近江の国衆・堀秀村《ほりひでむら》の居城であった城である。信長は「境目の城々に入れ置くべきの由」を指示したとある。家康にとっての「境目の城」とは、武田方の支配領域に接している徳川方の城ということであろう。遠江や東三河の諸城が想定される。

家康はこのうちの三百俵を長篠城に入れた。残る千七百俵の措置はわからないが、しかるべく手配されたのだろう。三月十三日付で、家康が信長に対して兵粮を送ってくれたことへの礼を述べた書状が残っている。このなかで家康は、「このたび兵粮を過分に賜り、実情としても、敵国がわが方に抱く意識のうえでもまことにありがたく存じます」と述べている。さらにこの書状からは、重臣佐久間信盛が諸城見舞のために遣わされたことがわかる（『大阪城天守閣所蔵文書』）。

実は前年六月、高天神城後詰のため来援した織田軍が、間に合わなかったために引き返すとき、信長は吉田城において「黄金皮袋」ふたつを「御兵粮代」として家康に与えていた。皮袋ひとつを二人で持ちあげて（それだけ重かったという表現だろう）中身を確認したところ、おびただしく素晴らしいもので、家中の者たちが見物しに来て、過去にもみたことがないと驚嘆したという挿話が『信長記』に書きとめられている。

高天神の場合は、来援したものの結局手遅れとなり、いくさのために用意してきた黄金の使い道がなくなったこともあるのだろう。来援が遅れたことのお詫びのしるしかもしれない。これに重ねて、天正三年（一五七五）にも信長は大量の兵粮を家康に送ったことになる。この行為は何を意味するのだろうか。

信長の期待

送られたのが兵粮であること、信長はそれらを「境目の城々」に手配することを指示していたことを考えると、これらの城が武田方によって攻撃を受けたとき、籠城して、ある程度の日数を持ちこたえてくれることが期待されていたということだろう。兵粮三百俵を長篠城に入れたとある『当代記』では「この度籠城に用いる」とあって、籠城用であったことが示唆されている。信長は家康に、武田方の攻撃を防ぎ、時間をかせいでくれる働きを望んだのである。

それでは、信長の家康に対するこうした期待の背景には何があったのだろうか。

家康の礼状が三月十三日付であるから、兵粮はそれ以前に送られたことになる。二月末に奥平信昌が長篠城に入った前後だろうか。ちょうどこの時期、信長は上洛した。京都に着いたのは三月三日である。信長はこの上洛中、土地を担保にするなどして諸門跡《もんぜき》・公家が金銭を借用するといった貸借契約を帳消しにする徳政令を出したり、公家に米を給付したりするなど、京都の支配階層を保護する政策を実行していた。前々年に義昭が京都を退去したことにより、自らが天皇・朝廷を支え、京都を中心とする空間である「天下《てんか》」の秩序維持を担う立場となったことを自覚しての政策である。

当然ながら、「天下」の秩序を乱すとみられた敵対勢力は攻撃の対象となった。その最大の勢力が大坂本願寺であった。これは前年における信長の軍事行動からもうかがえる。天正三年（一五七五）三月の信長上洛の目的は、朝廷支援策の実行だけではなかった。上洛時点ですでに信長は本願寺攻めの陣触れを発し、軍勢動員をかけている。前節でも触れたが、義昭側近の大和孝宗が穴山信君に宛てた三月十五日付の書状のなかで、「信長が去る三日に上洛した。来月六日に河内方面の高屋や大坂に出陣するそうだ」と伝えている（『於曽文書』）。

この陣触れは別の文書からも確認できる。反信長という立場で本願寺と連携していた六角《ろっかく》承禎《じょうてい》（義賢《よしかた》）は、義昭の近くにあったとおぼしき武田中務大輔《たけだなかつかさのたいふ》（若狭《わかさ》武田氏の一門）に宛て、三月二十八日付で出した書状のなかで、「いま信長は京都にいるが、来《きた》る六日に大坂表へ出陣するようにという廻文《めぐらしぶみ》が出された」と伝えている（『尊経閣古文書纂《そんけいかくこもんじょさん》』）。動員が「廻文」(二人以上の名宛人に順次回覧して伝える文書)で命じられていたことがわかる。

前年の天正二年(一五七四)四月以来信長に抗していた大坂本願寺と、三好康長が拠る河内の高屋城を攻撃する。これが天正三年三月の信長上洛のいまひとつの目的であった。そうなると、上洛に前後して信長が家康に兵粮を送った意味がはっきりする。織田軍が畿内において本願寺勢力と戦っているあいだ、もし武田氏が背後で攻勢を仕掛けてきたならば、徳川氏がそれを防いでくれることを期待したのである。このときの信長が念頭に置いていた第一の敵対勢力は本願寺であったといえよう。

信長の本願寺攻め

信長は陣触れのとおり四月六日に出陣した。以下、このときの本願寺攻めの経過をみてゆくことにしよう。

出陣に先がけて、上洛してまもない三月十一日に、配下の軍勢を河内・摂津方面に派遣し、河内北部の千町鼻《せんちょうがはな》と呼ばれる淀川《よどがわ》の堤(大阪府寝屋川市)を破壊し、両国の田地を水損させている(『多聞院日記』)。敵の動きをあらかじめ封じるためであろうか。武田軍が五月に橋尾堰を破壊したことを思い起こさせる。

四月六日の出陣では、信長率いる本隊は一万とも二万ともいわれた(『宣教卿記《のぶのりきょうき》』『兼見卿記《かねみきょうき》』『大外記中原師廉記《だいげきなかはらもろかどき》』)。すでに三日・四日には先鋒部隊が出陣しており、そこには明智光秀が率いる二千の兵も含まれていた（『兼見卿記』『大外記中原師廉記』）。『信長記』には、「五畿内、尾（尾張）・江（近江）・勢州（伊勢）・若州（若狭）・丹後《たんご》・丹波《たんば》・播磨《はりま》、根来寺《ねごろじ》四《よん》谷《たに》の衆」を合わせ「御人数十万余」とある。

これはさすがに誇張した数字だろうが、遅くとも二十日近く前に出陣日を決め、廻文をもって軍勢動員をかけて準備し、本隊が一万から二万という規模を考えると、織田軍の主力が投入された大規模な作戦であったことがうかがえる。前述のように、三月下旬に武田軍が足助口に侵入したとき、信忠率いる尾張衆がこれに対抗したのは、主力が畿内にあって、本願寺攻めに投入されていたからなのである。

『信長記』によれば、織田軍は四月七日に河内若江《わかえ》（大阪府東大阪市）に陣取った（図6）。本願寺はこれに対し、若江の南にある萱振城を拠点に対抗しようとした。萱振城は前年九月に織田方によって陥落していたが、その後本願寺方が取り戻していたらしい。しかし信長は萱振城には見向きもせずに軍勢を南下させ、八日に三好康長が籠もる高屋城の攻撃を開始する。佐久間信盛・柴田勝家らが率いた軍勢は、城の北に位置する誉田八幡宮《こんだはちまんぐう》から道明寺《どうみょうじ》河原《がわら》へと展開してところどころを放火し、麦薙《むぎなぎ》をおこなっている。

信長本隊はそこから住吉《すみよし》（同大阪市）を経て、四月十三日には天王寺《てんのうじ》（同前）へと進んだ。十四日に本願寺付近の刈田《かりた》をおこなっている。十六日には、天王寺のやや南に位置する遠里《おり》小野《おの》（大阪市住吉区・堺市堺区）まで陣を移し、「近辺の耕地を信長ご自身も刈られた」とい

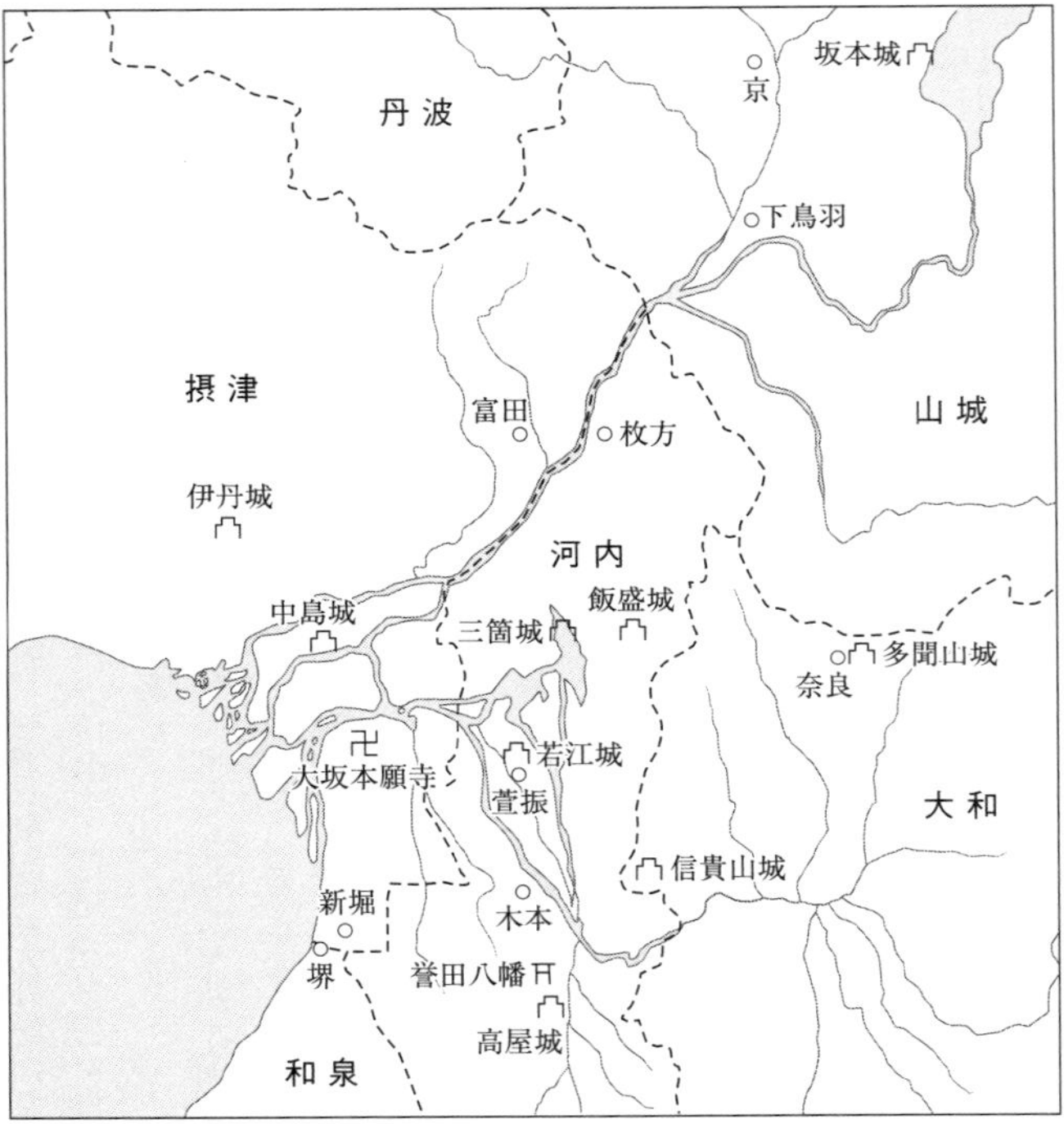

図6　天正3年本願寺攻め関係地図。八尾市立歴史民俗資料館・平成13年度特別展図録『久宝寺寺内町と戦国社会』所載の図を元に作成

う ほど、執拗《しつよう》な刈田がなされた。敵方の領地の作物を刈り取る麦薙や刈田は戦国時代における いくさの重要な作戦のひとつであり、兵粮攻めの一種であると同時に、敵の士気低下を目論《もくろ》む行動であった。

四月十六日以降、住吉・遠里小野の東に位置する「出城」新堀城《しんぼり》（同大阪市）の総攻撃に取りかかり、十九日に陥落させた。それを受けてのことと思われるが、高屋城の康長は、信長の家臣・松井友閑《まついゆうかん》を通じて降伏を申し入れ、信長は彼を赦免している。河内の諸城は破却され、信長は二十一日に帰洛した。

大軍を動員し攻め入ったわりには、本命である本願寺の直接攻撃に至らず、河内方面の平定と本願寺周辺の刈田だけで兵を撤したのはなぜだろうか。

出陣に先立ち三月二十二日付で長岡（細川）藤孝に宛てた信長の朱印状がある。信長はここで藤孝に対し、丹波国船井《ふない》・桑田《くわた》両郡の諸侍を動員して、秋に大坂を攻めるための付城構築をせよと命じている（『細川家文書』）。秋（旧暦なので七月以降）のことであり、四月の攻撃に直接関係するものではない。藤孝はこの四月の河内出陣にも参加し、新堀城攻めに戦功を挙げている（『綿考輯録《めんこうしゅうろく》』）。

つまり四月の出陣は、秋に予定する本願寺への本格的攻撃の下準備と考えられる。本願寺とむすんだ河内にある三好方の城をまず落とし、刈田によって敵に打撃を与え、中長期的な見通しで敵の戦力低下をねらう。これが、四月時点で信長が考えていた最低限の達成目標だったのではあるまいか。そう考えると、信長がこの時点で武田氏との本格的ないくさを想定していたとは思えない。

信長、三河へ

ところがというか、やはりというか、信長が懸念していたとおり、上洛中の三月下旬に武田軍が三河に侵入した。大和孝宗の書状では、信長による四月の本願寺攻めが武田氏に伝えられていた。勝頼は出陣の目的として「後詰第一の行《てだて》」であると本願寺方に説明していたのは先にみたとおりである。その意味で、信長の心配は見事に的中してしまったことになる。そうなることが予測されたゆえに、信長は家康に兵粮を送り、徳川氏が武田軍の動きを喰《く》い止《と》めてくれるよう期待を寄せたのであった。

武田軍の動きが陣中の信長の耳に届いたのがいつ頃なのかはわからない。近江の甲賀《こうか》郡にいたと思われる反信長陣営の一人・六角義堯《よしたか》（承禎の子で、義治《よしはる》ともいう。村井祐樹『六角定頼』）は、大和吉野《やまとよしの》郡にある一向宗寺院・本善寺《ほんぜんじ》に対し、四月二十一日付で武田軍の三河侵入を報じている（『本善寺文書』）。前述のように信長が京都に戻ってきたのも二十一日であるから、本願寺攻めの最中に知らせは届いたものと推測される。

ただしそこから岐阜に帰るまでにやや時間を要している。四月二十八日に京都を発って岐阜に帰った（『中山家記』など。『信長記』には二十七日に京都を発ち、二十八日に岐阜に着いたとある）。さらに岐阜に着いたあと、三河に向けて出発したのは五月十三日のことだった（『信長記』）。ここでも少し日数が経過している。この間の信長の動向としては、十二日以前に長岡藤孝に対して家中の鉄砲兵や火薬を送るよう指示していたことがわかっている（『細川家文書』五月十五日付藤孝宛信長黒印状《こくいんじょう》）。鉄砲隊の準備をしていたことになる。

江戸時代前期に成立した史書『武徳大成記《ぶとくたいせいき》』には、信長が岐阜を発つとき、柵にするための木一本・縄一束ずつを持参するよう命じたという挿話が記されている。前章で紹介した小説群は、ほとんどこの話を採用していた。馬防柵が長篠合戦勝利の一因であることを知る後世の作為かもしれず、たやすく信用はできないが、いずれにせよ長篠城支援に向かうための準備に時間がかかったと推測するほかはない。

右にふれた五月十五日付の黒印状（墨で押した印章のある文書）や『信長記』にあるように、信長・信忠父子率いる織田軍は、十四日に岡崎に着き、十六日に牛久保城に一泊したあと、十七日に野田原に野陣を布いた。そして十八日に信長は設楽郷の極楽寺山に、信忠は新御堂山に、家康は高松山に陣を構えた。

信長の布陣意図

ここで「決戦は間近に迫っていた」と書けば話は盛りあがるだろうが、それは結果を知るわたしたち後世の人間の物言いである。

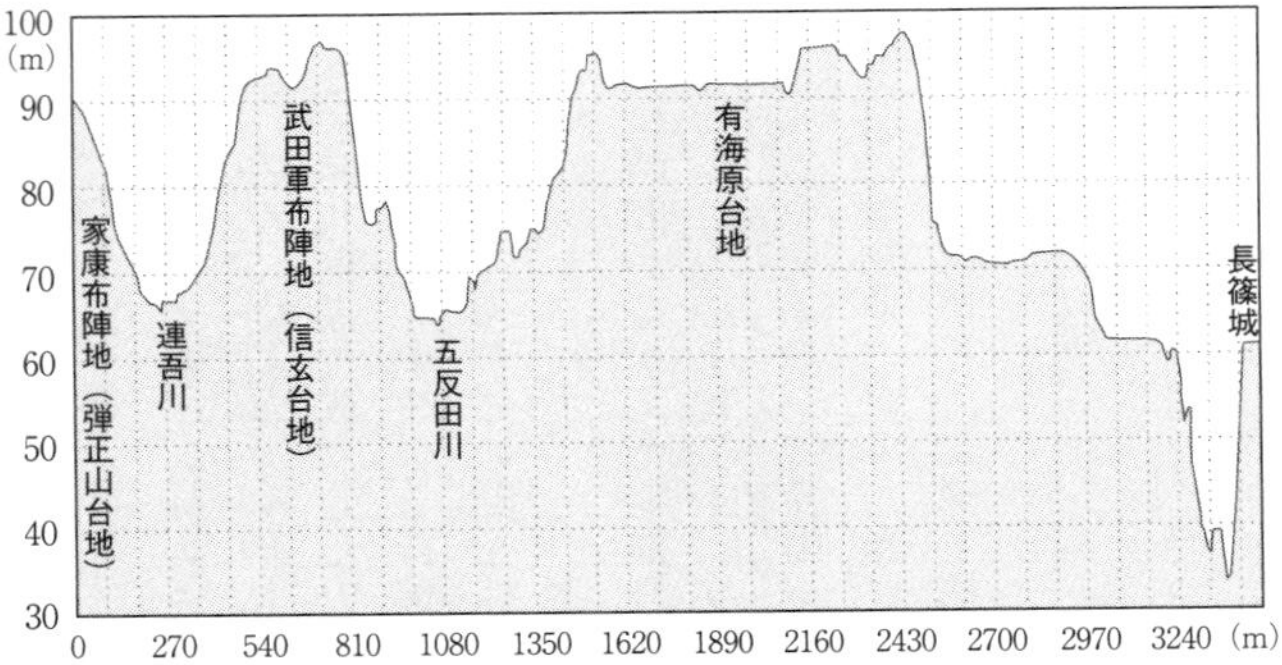

図7　家康布陣地である高松山（弾正山台地）から長篠城の間の断面図。黒嶋敏『戦国の〈大敗〉古戦場を歩く』所載の図を参考にして、国土地理院「地理院地図」の断面図機能を利用し作成した。縦軸の数字は標高。横軸の数字は家康布陣地からの距離

五月十五日付の黒印状のなかで、信長は「明日は敵陣近くまで兵を進めて仕掛けるつもりだ。もしそれで負けないようなら天が運を与えてくださっているのだろう。敵を根切りにしたい」と息巻いているけれど、よもやこの六日後に武田軍と激突することになろうとは、さすがの信長も想像していなかったのではあるまいか。

織田・徳川軍の布陣の様子について、『信長記』に拠りながらみてみよう。

設楽郷は「一段地形くぼき所」なので、「敵かたへ見えざる様に」段々に三万ほどの軍勢を展開させた。先陣を務めるのは地元の衆なので、徳川軍が「ころみつ坂」の上の高松山に陣を構えた。滝川一益《たきがわかずます》・羽柴秀吉・丹羽長秀の三将は有海原に上り、勝頼の陣に向かって東向に陣を構えた。『信長記』建勲《けんくん》神社本には、三将の陣は家康の左手にあったとあるので、徳川軍の陣

の北に三将の陣が構えられたことになる。また、家康と一益の陣の前に馬防柵を設けた。

織田・徳川軍が布陣した場所についても、先に触れた黒嶋敏の仕事が参考になる（『戦国の〈大敗〉古戦場を歩く』）。黒嶋の著書に紹介されている長篠城から設楽郷にかけての断面図がとてもわかりやすい。これをみると、比高三十ないし五十メートル程度の台地のあいだに川（先述した、東から五反田川・連吾川・大宮川）が流れている低地が「くぼき所」にあたる。

図８　鳶巣山砦から見た小呂道。有海原台地より西側は台地に遮られて見えない。著者撮影

徳川軍が陣を構えた高松山は、連吾川の西の弾正山（段上）台地のことと想定される。『信長記』に出てくる「ころみつ坂」について、現在有海にある岩倉《いわくら》神社の少し西に「小呂道《ころみち》」の地名が残ることとから、長篠城から有海原へと登る坂道がそれに該当すると考えられている。ただしその上の高松山に家康が陣を布いたとあるので、陣所の場所とのあいだに食い違いが生じる。

黒嶋は、『信長記』の記す「ころみつ坂」の「ころみつ」とは道の名称であり、岩倉神社付近から家康陣までをむすぶ道が「ころみつ（小呂道）」であろうとする。この道が有海原を東西に貫いている。『信長記』が書く「あるみ原」は、連吾川の東側の地域（設楽郷を支配していた野田菅沼氏にとって防衛対象ではない緩衝地帯）を指すと黒嶋は想定する。いっぽう、弾正山台地も含んだ、もう少し広い地域を想定する考え方もあるが（藤本『長篠の戦い』）、いずれにせよ有海原台地のみを指すわけではない。

さて、信長はこうした地形を利用して、長篠城を囲んでいる東方の武田軍からはできるかぎり軍勢がみえないように布陣し、馬防柵を構築したのであった。なぜこのような配置になったのだろうか。

勝頼が寒狭川を越えて西へ進出し、有海原台地もしくは信玄台地に布陣したのをみて、信長は次の行動をとった。武田方が長篠城を囲むため拠っている鳶巣山砦の奇襲攻撃である。この作戦については次節以降で詳しく触れるが、作戦の意図について、『信長記』には「自軍の兵が一人も失われないように」（原文読み下しは「御身方《おみかた》一人も破損せざるの様《よう》に」）とある。

つまり鳶巣山砦攻めを命じたときの信長の頭には、これによって武田軍との戦闘が起こったとしても、できるかぎり損害を出したくないという思いがあった。軍勢を隠す、また馬防柵を築くということもくわえて考えれば、きわめて防御的な構えだといえないだろうか。秋に予定する本格的な本願寺攻めに備え、ここでは兵を失いたくなかったがゆえに、このような布陣、陣所構築、作戦がとられたのではあるまいか。

以前わたしは、長篠合戦を、信長と大坂本願寺の足かけ十一年にわたる戦い（石山《いしやま》合戦）のなかに位置づけたとき、その副次的ないくさであったと考えることもできると論じた（拙稿「石山合戦」）。長篠合戦を客観的にとらえるための、ある種の発想の転換である。右のような信長の徹底的に防御的な構えをみたとき、このとらえ方がかならずしも突飛なものではないことがわかるだろう。

合戦前日の信長書状

信長が合戦前日の五月二十日付で、当時畿内にあった長岡藤孝に宛てた黒印状が残っている（『細川家文書』）。前節では、おなじ日に勝頼が出した書状を紹介した。長篠合戦は、双方の大将が合戦前日に出した書状が残るというめずらしい（貴重な）合戦である。戦国合戦をみまわしても、ほかにこうした事例はないと思う。

この黒印状のなかで信長は次のように書いている。

そなたからの書状を読んだ。鉄砲（の調達）を家中に命じてくれてありがとう。当方面の情勢はいよいよ考えた通りになってきた。去る十七日に牛久保という地から軍勢を進出させた。ここは長篠城から三里の距離にある。敵の備えは節所《せっしょ》だけれども、十八日

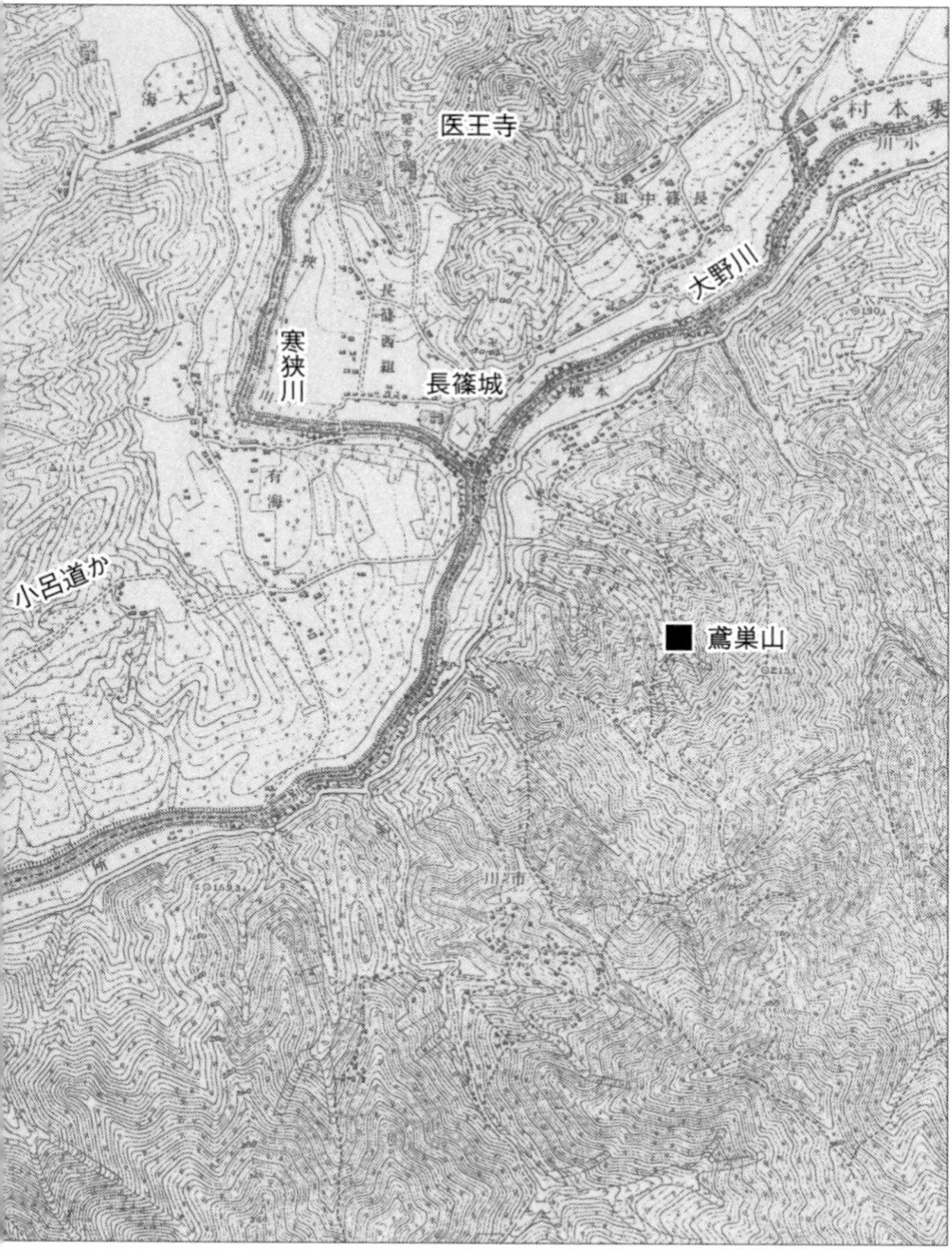

図９　長篠合戦関係地図。大日本帝国陸地測量部「二万分一地形測図浜松二十二号長篠」（1894年〔明治27〕）を加工

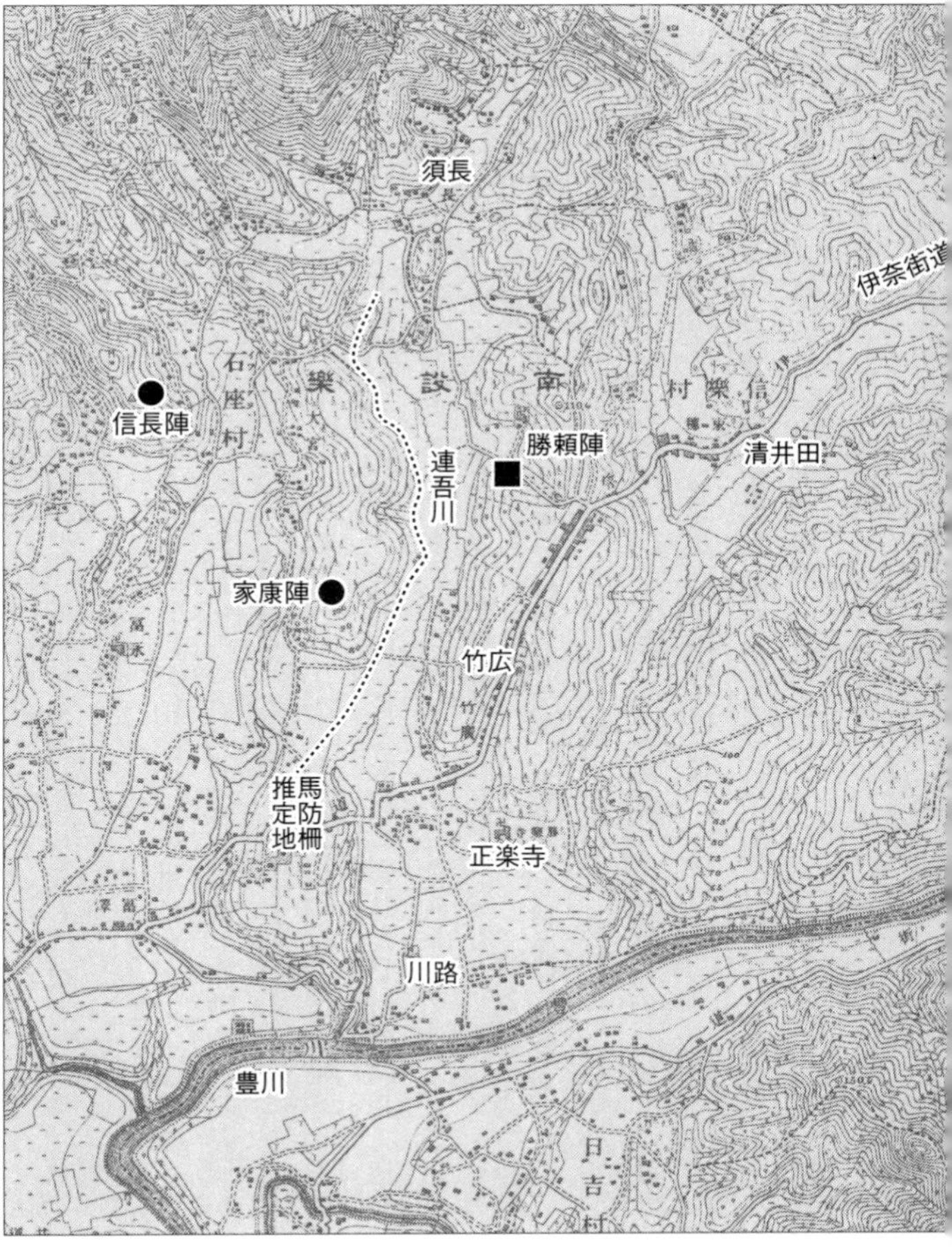
須長
伊奈街道
信長陣
勝頼陣
清井田
連吾川
家康陣
竹広
馬防柵推定地
正楽寺
川路
豊川

に鉄砲兵を近づけた。通路も思うようにならないが、かえって擒《とりこ》にできる。いまこそ相手の根切り目前になってきた。追って吉報を申し送ることになるだろう。

これは十六日に牛久保に泊まり、十七日に野田原に陣を進めたとある『信長記』の記事を裏づける内容である。一里を約四キロとする一般的な換算では、布陣地は長篠城から約十二キロ離れた場所となる。しかしここは、『信長記』でも用いられる距離感に近いと思われる。約二ないし三キロである（拙稿「『信長記』と美濃」）。そうすると、野田城からその東のあたりになる。いわゆる野田原である。『信長記』によると、書状の日付の時点で信長は極楽寺山に陣を移していることになるが、そこから長篠城までは約四キロであり、三里とするには近い。十七日に部隊を進めた場所のことと考えておく。

次に「敵の備えは節所だけれども、十八日に鉄砲兵を近づけた」の文意である（原文読み下しは「敵の備え節所たりといえども、十八日鉄砲放ちを押し詰め候」）。「鉄砲放」つまり鉄砲兵を敵陣に近づけたということについて、これは大規模な挑発行動ではなく、鉄砲兵を前進させただけだという指摘がある（藤本『再検証長篠の戦い』）。

わたしは以前この行動を、武田方の陣に対する威嚇《いかく》射撃と解した（『長篠の戦い　信長が打ち砕いた勝頼の〝覇権〟』）。織田軍が後詰に到着したことを知らしめるため、長篠城を囲んでいる武田軍の兵に近づいて、威嚇したと考えたのである。

たしかに右の指摘のように、たんに「押し詰めた」とあるだけなので、この解釈に従って、鉄砲兵を前進させたととれば、十七日に進出した野田原から、さらに十八日には鉄砲兵を前進させ敵陣により近づけたということになろうか。『信長記』には、信長は十八日に極楽寺山に布陣したとあるから、鉄砲兵をさらにその先まで進めた、要は主戦場となる連吾川の西、弾正山台地付近に配置したことをあらわすのだろうか。

では、この部分に逆接でつながる「敵の備えは節所だけれども」をどう解釈すればよいだろうか。

節所としての長篠

この一節を「敵が険阻な場所に布陣しているから、進撃が思うようにならなかったところ、思いがけず（敵の方から前進してきたので）捕捉できた。これで敵は間違いなく全滅だ」とする解釈がある（藤本『長篠の戦い』）。つまり「敵の備え」を長篠城包囲時の寒狭川東方とし、武田軍が寒狭川を渡って前進し、有海原台地・信玄台地に布陣してきたあとに書かれた書状であるとみなしていることになる。

ただしこの書状の文章を書かれたとおり素直に読めば、「敵の備えは節所だけれども、十八日に鉄砲兵を前進させた」とつながるのである。右の解釈は鉄砲兵前進のくだりを飛ばしてしまっている。

ここで「節所」という語句に注目しよう。節所とは「切所」とも書き、「峠や山道などの要害の地。交通の要所に設けた防御用のとりで。また、難所」の意味がある（『日本国語大辞典第二版』）。

実は長篠城をめぐるいくさについての史料中に、すでに「切所」の言葉が一度登場している。天正元年（一五七三）七月に徳川軍が武田方の長篠城を攻撃したとき、家康が「長篠切所」を越えて城の近くまで来ているのは天の与えた好機である、と勝頼が書いていたことを思い出してほしい（四三頁参照）。

徳川軍が西方から「切所を越えて」長篠城に近づいたことから考えると、この場合の切所とは、前述した、弾正山台地・信玄台地・有海原台地と谷が交互につづく起伏の多い地域、つまり長篠城と、天正三年（一五七五）五月二十一日に合戦があった連吾川周辺との中間にある地域（つまり有海原）を指すのではあるまいか。

ここが難所であることは、『信長記』も語っている。そこでは、「かの有海原は、左（北）は鳳来寺山から西に高山が連なり、また右（南）は鳶巣山から西に深山が続いている。その岸を乗本川《のりもとがわ》が山に沿って流れている。北と南の山のあいだはわずかに三十町《ちょう》（約三・三キロ弱）に過ぎない」とある。

起伏が多いだけでなく、北と南の高い山に挟まれた狭い地域だった。低地を流れる川がそれぞれ豊川（乗本川）に流れこむ前で深い谷になっていて人馬が通れなかったというのも前述した。また、地元にある設楽原歴史資料館の学芸員・湯浅大司の研究によれば、連吾川の流域の田地は、昭和末期におこなわれた圃場《ほじょう》整備以前はぬかるんだ湿地帯ともいうべき場所だったという（湯浅「長篠・設楽原古戦場論」）。

これは江戸時代に成った記録によるが、合戦時、武田方の内藤昌秀《ないとうまさひで》（一般には昌豊《まさとよ》の名で知られる）隊が滝川一益隊を追撃しようとしたが、道は畦道《あぜみち》で左右が田んぼだったので深追いしなかったという史料（『参河国長篠合戦絵図』『四戦紀聞《しせんきぶん》（参州長篠戦記）』）や、この戦場は馬を十騎並べて乗るところではなかったとする史料（『甲陽軍鑑』）もある。全体に南北に狭いうえ、足もとはぬかるみ（合戦があったのは太陽暦の六月）、馬を走らせるための道も限られ、移動に難渋するような場所でもあったようなのである。

つまり、織田・徳川軍が布陣した場所から長篠城に至るまでの地域（有海原）全体が節所であったと考えるべきだろう。信長が「通路も思うようにならない」（原文読み下しは「通路も合期《ごうご》すべからず候」）と述べたとおりなのである。天正元年（一五七三）時は、家康がそこを越えて長篠城まで近づき、城に火矢を放ってきた。だから勝頼は、節所を後ろにした（後退するのは容易でない）徳川軍を討つ好機だと考えたのである。以上をふまえて信長の書状（八五・八八頁）を再解釈すると、次のようになるだろうか。

敵の備え（までの地域）は節所だけれども、十八日に鉄砲兵を（できるかぎり）近づけた。（この地域は）通路も思うようにならないが、（戦い方次第では）かえって擒にできる。

以前わたしは、おなじ日付でも信長の書状は勝頼の書状より前に書かれたのではないかと推測した（拙稿「織田信長にとっての長篠の戦い」）。ここまで考えてきた結果としても、この順番を変える必要はなさそうである。信長が書状を書いたあと、勝頼が書状を書いてその後自軍を前進させたのであった。

戦国時代の書状は日付しか書かれていないため、それが何年のものなのかという年次比定が、研究を進めるうえで重要な作業となる。長篠合戦の場合、おなじ日付で書かれた勝頼と信長の書状の時間順まで考えることになったのは、なかなか味わうことができない貴重な経験である。

それはともかく、前日二十日の時点で信長は、「擒にできる」、「根切り目前」と書くように、防御一辺倒ということでもなくなっている。信長の後詰の第一目的が長篠城支援ということにある以上、武田軍との衝突の可能性も含め、とりうる作戦を考えていたことになろう。

3　武田氏から三河を守る——徳川家康の場合

長篠合戦に関わる残る一人の将・徳川家康にとって、このいくさはどのような意味を持っていたのか、本章の最後に考えてみよう。ここに向けての家康（徳川軍）の行動は、前節での信長（織田軍）の行動とほぼ一致するので、述べてきたとおりなのであるが、あらためて家康の立場から、長篠城の位置づけや、この時期の徳川氏が置かれていた状況をふまえ、長篠合戦に至るまでの徳川氏の事情を考えてみたい。

家康が天正元年（一五七三）八月に長篠城を落としたあと、ここに一族の五井松平景忠を在番として配置した。さらに同三年二月二十八日に奥平信昌を城将として移し、建物を修築させた（『当代記』）。

長篠城を手に入れたのはいいが、奥平氏の居城・亀山城はなお武田方が押さえており、奥三河の国衆である山家三方衆も、奥平氏以外はなお武田氏に従っていた。また遠江でも、前々年に信玄によって落とされた二俣城、前年勝頼の攻撃によって降った高天神城は武田氏の支配下にあり、遠江東部・北部、三河北部を武田方に侵食されている状況は変わっていない。長篠城は、残った東三河のうち、吉田城から野田城をむすぶ豊川流域のさらに上流部に位置し、東三河北部を固守してゆくための重要拠点であった。

ただ、信昌が長篠城に入った頃の信長の目は畿内の大坂本願寺に向けられていたことは前節で述べたとおりである。このため信長は二千俵の兵粮を家康に託した。この兵粮を「境目の城々に入れ置くように」という信長の真意は、家康も十分に理解していたはずである。だから、長篠城に三百俵を入れて、武田方からの攻撃に備えた。

信長が在洛したうえで本願寺攻めに取りかかっていたとき、懸念していたとおり勝頼は三河に侵入した。本願寺の後詰としての侵入であったが、このときの武田軍の目的は奥三河ではなく、西三河の中心・岡崎であった可能性が高い。武田氏に圧迫されていた状況下、これとむすぶ道を模索した大岡弥四郎ら徳川氏家臣たちの企てと連携していたのである。

しかし弥四郎らの企ては未然に発覚し、おそらくそのために武田軍は進路を変え、すでに攻略していた足助城から作手を経て、野田、さらに吉田へと向かった。

家康からみた吉田城攻防戦

武田軍は、菅沼定盈《さだみつ》の拠る野田の「城所浄古斎古屋敷」を落とし、四月二十九日、吉田城へ向かった。その途中、二連木城の城兵は城を明け退き、その後吉田城に移っていた家康自身が兵を率いて出撃した。ところが二千という少ない兵力であったこともあり、吉田城まで押し戻された(『孕石文書』)。

家康はどこかの段階で兵を率い浜松から吉田に入っていたわけだが、その時期について、第一節では武田軍の三河侵入以降とし、絞りこむまでには至らなかった。率いた軍勢が二千人というのは、元亀三年(一五七二)の三方原合戦のときの徳川軍が八千とされるので(『当代記』)、その四分の一という少なさである。

この数字を信じれば、武田軍の遠江からの侵入にも備え、ある程度の兵を浜松城に残してきたことが予想される。前々年のように、遠江経由の敵勢もあることを警戒していたとすれば、移動したのは武田軍の侵入後まもない時期（四月上旬頃）だったのかもしれない。武田軍が当初岡崎方面をねらっていたのだとすれば、信康傘下《さんか》の軍勢や西三河衆も簡単には動けなかっただろう。

『当代記』には、武田軍は吉田の町には入らずに引いたとある。吉田城主であった酒井忠次の伝（『寛永諸家系図伝』）には、家康は五千の兵を率いており、吉田城へ引くとき忠次が殿《しんがり》を務めたとあり、さらにその翌日（五月一日）にも、忠次の兵と武田方山県昌景の兵が三度戦ったという。

この戦いにくわわっていた水野忠重《みずのただしげ》の伝（同前）には、武田軍が吉田城を攻めたとき、城兵は門を開いて戦ったが、敵兵の放った銃弾が忠重に当たり負傷したとある。忠重が負傷した戦闘が、吉田城外（蓋原《はじかみはら》）でのものなのか、城をめぐるものなのか判然としないが、吉田城下でもある程度の戦闘があったことは推測される。

ただし勝頼はこれ以上吉田城を攻めることはせず、翌五月一日、「ひと働き」のため長篠城へと向かった。

長篠城の攻防戦と援軍要請

五月一日から二十日まで、武田軍は長篠城を取り巻いた。前述のとおり、『当代記』には、十一日と十三日に城攻めがあり、奥平軍が撃退したことを記す。また、六日にはいったん牛久保方面に出撃し、橋尾堰を破壊した。武田軍は、のち有海原に進出する軍勢が一万五千とされているから、それ以上の人数で取り囲んだものと思われる。いっぽうの奥平氏は、前述のとおり数百人程度の兵で籠城した。圧倒的な兵力差である。

三月頃、信長から寄せられた兵粮三百俵が城内に蓄えられ、籠城に用いられたと思われるが、二万に近い武田軍の攻撃を受けて、家康・信長に対する援軍要請が出された。『当代記』には、家康は信昌の父定能に石川数正《いしかわかずまさ》を添えて岐阜に遣わし、援軍要請をおこなったとある。信長は「三河が滅亡すれば当方も危ない」としてこれを受諾したという。信長は五月十三日に出馬するから、同月上旬のうちに要請が出されたことになる（『当代記』は五月十三日の記事につづけてこの記事を載せている）。『甫庵信長記』古活字本には、十日に早馬で援軍要請があったとある。

よく知られる鳥居強右衛門の派遣について、『甫庵信長記』板本《はんぽん》では、彼は五月十四日夜に城を出、十五日の晩に岡崎において信長と対面したとある。翌十六日夜に長篠城に戻った強右衛門が、城内に入ろうと様子をうかがっていたところ武田方に捕縛され、信長の後詰は来ない旨を偽って城内の兵に伝えるよううながされたものの、翌朝城内の兵の前に引き出されたときに、援軍が数日のうちに到着することを伝えて処刑された。この挿話が真実であれば、長篠城の兵たちが後詰のあることを知ったのは十七日ということになる。

武田氏宿老春日虎綱《かすがとらつな》（いわゆる高坂弾正《こうさかだんじょう》）の口述をもとに江戸時代初期に成った軍書『甲陽軍鑑』には、援軍要請をめぐる興味深い話が記されている。

それによれば、家康は信長に対し家臣・小栗正氏《おぐりまさうじ》を援軍要請のための使者として二度派遣したが、信長は首を縦に振らなかった。そこで家康は、三度目に正氏を遣わすとき、次の内容を、取次の矢部家定《やべいえさだ》に話すよう仰せ含めたという。

「信長様とは、起請文を交わし、互いに助け合いましょうと約束しました。近江箕作《みつくり》（永禄十一年九月の上洛戦）以来、徳川は若狭・姉川《あねがわ》など方々へ加勢しています。今回信長様のご出馬がなければ、遠江を勝頼に献上し、我らは三河一国でいいので、武田氏と和をむすぶことにします。信長様が長篠への後詰をなされないのなら、申し合わせた起請文はそちらから破棄したことになるので、我々は勝頼と協力してその先手となり、尾張へ打って出、遠江の替地《かえち》として尾張を勝頼からもらい受けることにします。勝頼を担いで我らが攻めこめば、おそらくは十日のうちに尾張を平定できるでしょう」。

正氏が（三度目に）岐阜に赴いたとき、やはり信長は出馬に応じなかったので、右の家康の言葉を家定にそれとなく伝えたところ、信長は一転して出馬することになったという。実は信長は勝頼を強くおそれて出馬しかねていたというのが合戦後五十日のあいだにわかったと付けくわえられている。

右のような、なかば脅迫まがいの要請があった話をどこまで信用してよいのかはわからない。「いかにも机上の軍記物語的な発想」と一蹴《いっしゅう》する評価もあって（太向義明『長篠の合戦』）、信用すべきではないのだろう。ただ、前々年来徳川領国が武田氏によって強い圧迫を受け、危機的状況に置かれていたことや、四月に武田氏に内通する大岡弥四郎らの動きがあったらしいことなどを考えると、徳川家中で武田氏とむすぶ選択肢も浮上し、ぎりぎりの交渉がなされていた可能性も考えてみたくなる。『当代記』にあった「三河が滅亡すれば当方も危ない」という信長の言葉は、裏で右のような緊迫した交渉があった結果なのかも、と。

天正元年（一五七三）に長篠城を奪い、三年二月にそこに奥平信昌を入れて守りを託した以上、城からの援軍要請に応えられないまま落城させては、徳川氏としての体面に関わり、三河・遠江の領主としての信頼を失って、他の家臣たちの離反を招くことになりかねない。徳川氏に、三方原合戦敗戦以来の最大の危機が訪れていた。

ただ信長の立場にしてみれば、こうした状況を懸念していたからこそ、あらかじめ兵粮を送って背後の守りを固めてもらうことにしたのだし、長篠城救援で兵を損なうことがあれば、秋に予定する本願寺攻めも根本から考え直す必要が出てくる。援軍要請に容易に応じなかったという話にも、一抹の真実味が含まれているようにも思われる。いずれにしても、このときが、信長と家康の同盟（清須《きよす》同盟）の最大の危機にあったといえるかもしれない。

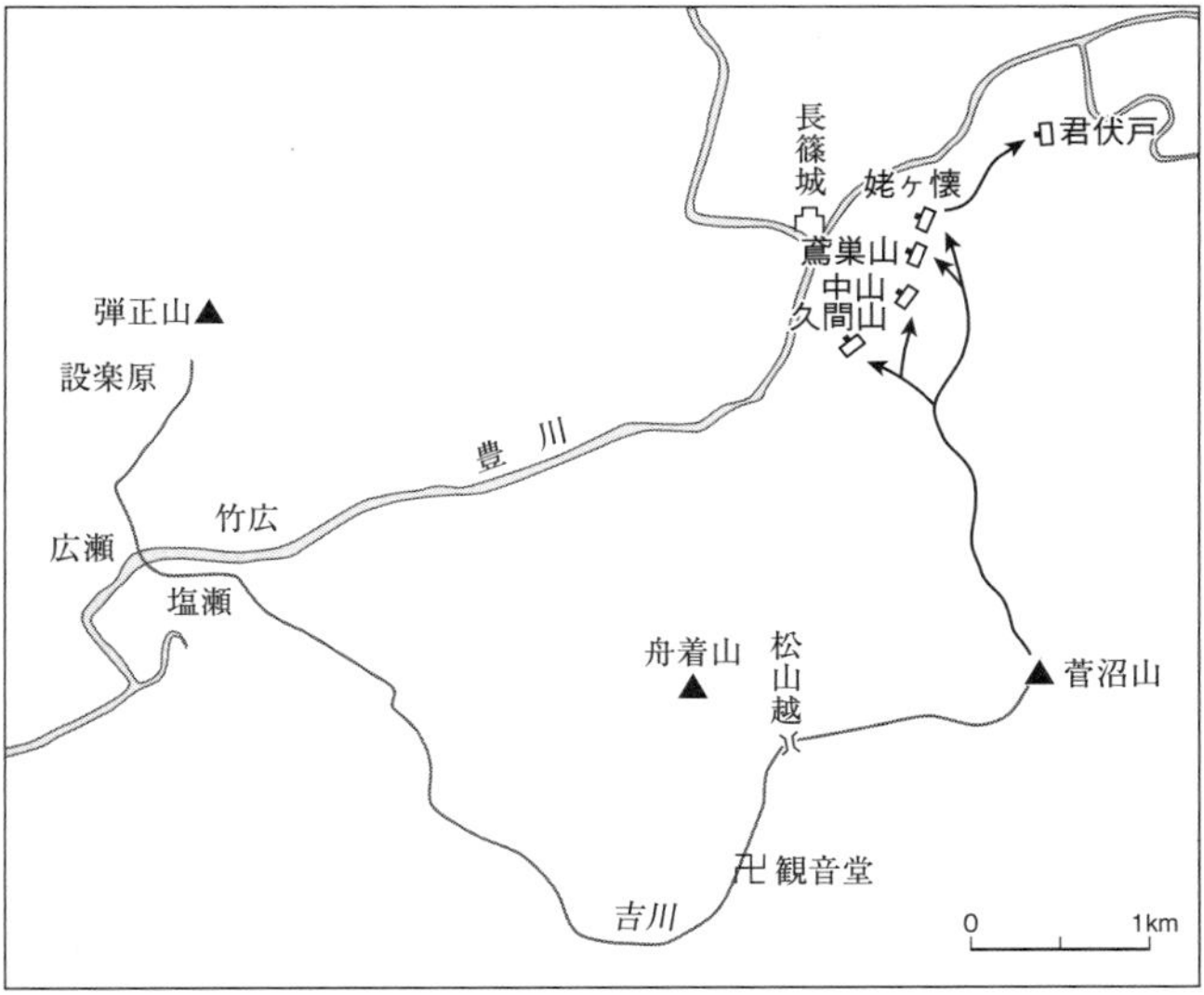

図10　鳶巣山砦攻撃軍迂回路。高柳光壽『戦国戦記　長篠之戦』所載の図を元に作成

鳶巣山砦の奇襲攻撃へ

ともかくも、長篠城の後詰のため、信長は五月十三日に岐阜を発ち、十五日に岡崎に入って家康と合流した。その後十八日に設楽郷に布陣したことは、ここまでくりかえし述べてきたとおりである。『信長記』には、織田・徳川軍が三万の人数であったとある。徳川軍は地元の軍勢であるので、先陣として最前線の高松山（弾正山台地の南端付近）に布陣した。

十八日以降、軍勢を山陰に隠し、馬防柵を設けたまま動きをみせない織田・徳川軍の様子に、勝頼は「逼迫の躰」をみてとり、二十日、長篠城包囲に七人の部将を残し、寒狭川を渡って一万五千の軍勢を有海原に展開させた。

前進してきた武田軍を目の前に、信長は次の手を打った。武田軍が長篠城を攻めるために拠っている付城のひとつ鳶巣山砦への奇襲攻撃である。『信長記』は、信長の発案として、「酒井忠次を召し、家康配下の兵のうち、弓・鉄砲にすぐれた者を選び、忠次を大将として二千人、ならびに信長の馬廻《うままわり》（直轄軍）の鉄砲五百挺に、金森長近《かなもりながちか》・佐藤秀方《さとうひでかた》・青山《あおやま》新七父子・賀藤《かとう》市左衛門を検使として添え、総勢四千人ばかり」の軍勢を鳶巣山砦攻めのため派遣した、と書いている。

この作戦が誰の発案にかかるのか、それぞれの史料の相違については、第四章であらためて考えることにして、ここでは攻撃軍の構成に注目したい。この数から「大変強力な部隊」と評価したうえで、鉄砲を五百挺（鉄砲隊五百人）くわえているのは「尋常ではない」と、強力な部隊編制であることが指摘されている（藤本正行『長篠の戦い』）。

のちに主戦場に配置される鉄砲は千挺ないし三千挺ばかりと概数で記されるのに対し、ここでは五百挺と、信長が実数を把握したうえで数を指定して編制している点も注目され、これは信長が把握する常備鉄砲隊のことで、強力で集団行動にも慣れている兵たちだろうという。

有海原で武田軍を迎え撃った徳川軍は五千に足らざる人数だったと『大須賀家蹟』は記している。鳶巣山砦攻めに割かれた徳川軍が二千とあるので、合わせれば三方原合戦における徳川軍の兵力にほぼ匹敵する。家康が吉田城に入ったときに率いていたのは二千とあったので、その後勝頼が長篠城攻めに移ってから、遠江に残されていた兵や、岡崎（西三河衆）の兵をくわえてこの人数になったものと思われる。

この作戦の目標は鳶巣山砦だが、信長出陣の所期の目的は、長篠城を救うことにあった（藤本前掲書）。それを考えると、ここに強力な部隊を投入するのは、確実に成功させなければならない作戦として、当然の判断であったといえるだろう。

表1　徳川家中の長篠城籠城軍と鳶巣山砦攻撃軍

		部将	居城・立場
長篠城籠城軍	酒井忠次麾下東三河衆	奥平信昌	長篠
		松平景忠・伊昌	五井
		鵜殿康孝	松平景忠家臣
		天野正景	福釜松平氏名代
鳶巣山砦攻撃軍		酒井忠次	吉田
		松平家忠	形原
		松井忠次	東条松平氏名代
		松平康忠	長沢
		松平伊忠・家忠	深溝
		松平清宗	竹谷
		菅沼定盈	野田
		戸田吉国	二連木戸田氏名代
		牧野康成	牛久保
		西郷家員	五本松
		本多忠次	伊奈
		設楽貞通	川路
	家康旗本	本多広孝・康重	土井

家康旗本・酒井忠次麾下の判断は、主に本多隆成『定本徳川家康』による。居城は必ずしも「東三河」に所在しているわけではない。

東三河を守れ

鳶巣山砦攻撃を任された酒井忠次は、当時の徳川軍の三備《みつぞなえ》と呼ばれる軍事編制のうちのひとつ、東三河衆を統率する立場であった（『新編岡崎市史』2・本多隆成『定本徳川家康』）。

江戸時代になって大名・旗本《はたもと》諸家が幕府に提出した系図や由

緒書上（『寛永諸家系図伝』『譜牒余録』『寛政重修諸家譜』）から、鳶巣山砦攻撃に参加した部将を拾うと、表1のようになる。

彼らとは別に、長篠城の籠城衆であったのは、奥平信昌、五井松平景忠・伊昌《これまさ》父子、福釜松平親俊《ちかとし》（ただし名代天野正景《あまのまさかげ》）らである。表1に掲げた人びとは、徳川氏の三備のうち、家康旗本（直轄軍）に属していたとされる本多広孝《ほんだひろたか》父子以外、大半が東三河に本拠を持つ主だった家臣たちであった。また、「御家人のうち武芸に慣れた者を選んで忠次に従えた」とされる鳶巣山砦攻撃の別働隊のなかに、西三河衆を率いる石川数正組に属していた大給《おぎゅう》松平真乗《さねのり》の家中から六騎が参加したという（『寛永諸家系図伝』松平真乗伝）。

以上からわかるように、鳶巣山砦の攻撃は、徳川家中のうちの東三河衆をほぼ総動員したうえで、その頭目である酒井忠次が大将となり、それだけでなく、家康旗本や西三河衆の一部も編入されていた。徳川氏の軍事力のかなりの部分を結集させた、乾坤一擲《けんこんいってき》の大作戦であったとみなすことができる。

ここまで武田氏により蹂躙《じゅうりん》されつづけてきた徳川氏、とりわけその東三河衆にとって、この作戦は、武田氏から東三河を守る、さらには三河を取り戻す戦いであったといっても過言ではない。

かくして忠次率いる四千の別働隊は、五月二十日の戌《いぬ》の刻（午後八時頃）、陣所を発って豊川を渡り、南の山岳地帯を迂回して鳶巣山砦へと向かった……。

第三章　鉄砲戦の幻影
——つくられる長篠合戦

1　天正三年五月二十一日の経過

長篠合戦をめぐる記述の変容

第二章では、長篠合戦に関わった武田勝頼・織田信長・徳川家康それぞれの立場から、なぜ天正三年（一五七五）五月二十一日に、有海原においてあのようないくさになったのかを考えようとした。そのため、合戦前日に至るまでのそれぞれの動向を明らかにした。これを受けて本章では、まず、二十一日の合戦がどのような流れで推移していったのか、信頼性の高い史料をもとにたしかめてゆきたい。次いで、信頼性の高い史料に記されている合戦像が、時間を経るにしたがって変容してゆく過程を追いかける。

本章から次章にかけての課題となるが、合戦に関わった家康の子孫が将軍として全国を統治する世の中になったことによる過去のできごとに対する見方（歴史認識）の変化、また、それとも関わって、時間の経過によって合戦から時を隔てる度合いが大きくなり、そのあいだに話が変質したり粉飾されたりするといった史料の変容をみる。ただしそのさい、史料の作成者の立場（この合戦で果たした役割の程度）という点に注意を払い、また史料の媒体（形態）の差異（文字史料・絵画史料の違いなど）にも気をつけたい。

天正三年五月二十一日に実際に起こった（であろう）できごとが、それを体験したり、体験した人から話を聞いたりした人びとの手により、おのおのの関心にしたがって（すべてではないことに注意しなければならない）文字として記録され、さらにそれを解釈する人の手を介することにより、おのおのが置かれた立場に応じて変質し、いっぽうで絵地図や絵画などによって視覚的にあらわされるようになる。それらは第一章で紹介したような近現代における長篠合戦像に流れこみ、最終的に現在のわたしたちの認識へとつながっている。

本章と次章では、そうした長篠合戦像を構成する史料同士がむすばれている糸のもつれを、できるかぎり解きほぐしてゆくことを目的としたい。ここまでは、言及した史料について、「江戸時代初期に成立した」のように成立時期を簡単に述べた程度であったが、以下では、どういう立場の人がいつ頃書いたのかといった点にも注意して論述を進める。

『信長記』と太田牛一

最初に、信長に弓衆として仕え、信長没後は秀吉にも仕えた太田牛一が書いた『信長記』（『信長公記』とも称される）に記された合戦の推移をたどることからはじめよう。この史料が、長篠合戦を全体的に叙述するときの根本になっていると考えるからである。これがなければ、いまわたしたちが頭に浮かべる長篠合戦像はまったく異なるものとなっていた（痩《や》せ細った合戦像となっていた）に違いない。

『信長記』は、日付を追って書かれた日記のような体裁になっているが、これは牛一が毎日記した日記そのものではない。彼がその都度記してきた日付のある書付《かきつけ》・覚《おぼえ》を、後年になって原則日付順に整理編集し、叙述したものである。存在が明らかなのは慶長年間（一五九六―一六一五）に入ってからであるが、それ以前から記されていたと考えられ、長篠合戦に関わる記事がある全十五巻（冊）の自筆本は、江戸時代には備前岡山《びぜんおかやま》藩池田《いけだ》家と大和戒重《かいじゅう》藩織田家が所持していた。それぞれ岡山大学附属図書館池田家文庫、建勲神社の所蔵となって現存している（いずれも国指定重要文化財）。

池田家本には慶長十五年（一六一〇）八十四歳の奥書《おくがき》（作成や書写の経緯を述べた巻末の付記）がある。つまり牛一は大永《だいえい》七年（一五二七）生まれであり、長篠合戦のとき四十九歳であった。池田家本にせよ建勲神社本にせよ、大部分が八十代になってから浄書されたものと考えられる（拙著『織田信長という歴史』）。健筆なのは驚嘆に値するが、結果を知る視点が混ざっているであろうことには注意したい。

長篠合戦にかぎらないが、『信長記』における合戦描写には定評がある。とりわけ長篠の場合は、「地理の描写に関する牛一の目配りは感動的ですらある」という評価がある（藤本正行『長篠の戦い』）。わたしは、牛一はこの長篠合戦の場にいた可能性が高いと考えている。確証こそないものの、地理描写の的確さにくわえ、当時牛一が与力《よりき》として従っていた丹羽長秀も合戦に参加しているからである。少なくとも四月初旬には、牛一は長秀と一緒に京都にいた（『賀茂別雷《かもわけいかずち》神社文書』天正三年四月分職中算用状）。前章で触れた、信長による河内・摂津攻めの頃である。

『信長記』の合戦叙述①――鳶巣山砦攻撃

ここまでの論述のなかで、有海原の地理描写、および織田・徳川軍が有海原に布陣するまでの経緯や、武田軍が寒狭川を渡って前進し、有海原に布陣するに至る様子は紹介してきた。重複するが、『信長記』における武田軍前進の場面からみてゆこう。

勝頼は滝澤川《たきざわがわ》（寒狭川）を渡り、有海原まで三十町ばかり前進してきた。勝頼の本陣があったとされる医王寺山から信玄台地まで、直線距離で二・八キロあり、三十町（約三・三キロ）ばかりという距離におおむね合致する。

武田軍は、谷（連吾川が流れる低地だろう）を前にして、甲斐・信濃・西上野の小幡《おばた》氏・駿河・遠江・奥三河の山家三方衆《やまがさんぽうしゅう》の軍勢、約一万五千を十三所に西向きに配置した。この時点で「互いに陣のあわい二十町ばかり」とある。

勝頼陣所を信玄台地とした場合、そこから二十町（約二・二キロ）西方に行くと、信長本陣の極楽寺山はおろか、さらに後方になってしまい、距離描写に矛盾が生じる。より長篠城に近い清井田（有海原台地）を勝頼陣所に仮定すれば、長篠城から約二キロ、そこから極楽寺山まで約二キロとなり、前進距離に多少のズレはあるものの、こちらのほうが現実味があるだろうか。

信長は、武田軍と間近く向きあったのは天の与えた好機だとして、「御身方一人も破損せざるの様に」考え、酒井忠次を大将とする鳶《とびの》巣《す》山《やま》砦攻撃のための別働隊四千を編制し、彼らは二十日の戌の刻（午後八時頃）に出立《しゅったつ》した。これは前章で述べたとおりである。

別働隊は南の深山を迂回して、二十一日辰《たつ》の刻（午前八時頃）に鳶巣山砦の総攻撃を開始した。数百挺の鉄砲を放ちかけ、武田氏の包囲軍を追い払って長篠城に入り、城兵と合流した。そして城兵たちと一団となって攻めかかり（この部分は建勲神社本の記載による）、敵陣の小屋を焼き払った（図10）。勝頼が残した七人の部将率いる長篠城包囲軍は虚を突かれ、鳳来寺方面（北）に敗走した。

『信長記』の合戦叙述②――有海原の激突

信長は家康の陣所のある高松山まで来ていた。ここで武田軍の様子をたしかめ、自分の指

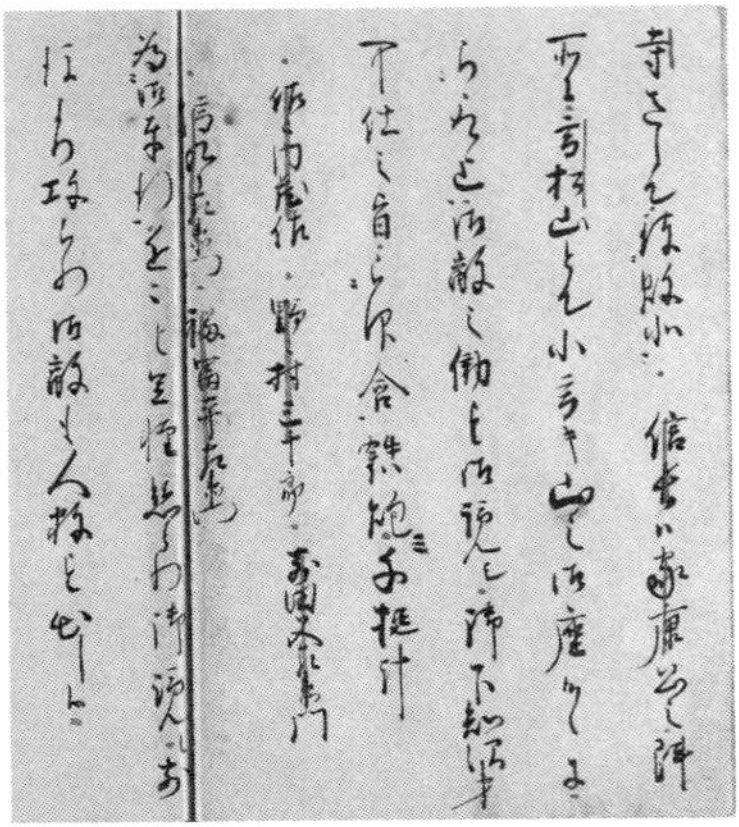

図11　4行目の下部、「鉄炮千挺」の右に「三」と追記されている。『信長記』巻八（部分）。岡山大学附属図書館池田家文庫所蔵

示により動けと仰せ含めたうえで、鉄砲千挺ばかりの隊を、佐々《さっさ》成政《なりまさ》・野々《のの》村正《むらまさ》成《なり》・前《まえ》田《だ》利家《としいえ》・塙《はのう》直政《なおまさ》・福富《ふくずみ》秀勝《ひでかつ》の奉行五人に付け、足軽兵を武田軍の近くまで接近させて様子をうかがった。前後から攻められる格好となり、武田軍も兵を前進させてきた。

なお鉄砲の挺数について、建勲神社本には千挺とある。対する池田家本も本文には千挺とあるのだが、「千」の右上に小さく「三」と追記がなされている（図11）。この追記が、牛一本人のものなのか後世の人物による書き入れなのかを判断するのはむずかしい。ひとまず牛一によるものと考えておきたいが、本文（建勲神社本含め）を書いたあとに、より当時の実態に近い挺数の情報を得て追記したことになる。そうするとその情報はずっとあとになってからのものとなる。

本文に戻ろう。武田軍の一番の部隊は山県昌景隊であり、押太鼓《おしだいこ》（進軍や攻撃開始のときに打ち鳴らす太鼓）を叩《たた》きながら攻めかかってきたものの、鉄砲によって散々に撃たれ、後退した。

二番には武田逍遙軒《たけだしょうようけん》（信廉《のぶかど》。信玄の弟）隊が山県隊と入れ替わって攻撃してきた。織田軍は、信長の指示のとおり敵がかかってくれば退き、退いたら前進して敵を引きつけ、逍遙軒隊は鉄砲で過半が討たれ、退いた。

三番は西上野の小幡隊である。彼らは朱で統一された具足《ぐそく》を着し、逍遙軒隊と入れ替わり攻撃してきた。関東衆は馬の達者であり、騎馬で織田軍の陣に入ろうと、押太鼓を叩きながら攻めかかろうとしていたが、織田軍は馬防柵の内側で身を隠して彼らを待ち受け、鉄砲を放ったところ、過半が撃ち倒され、兵を失って退却した。

四番は武田信豊隊である。信豊隊は黒の具足で統一されており、攻めかかってきた。敵は入れ替わりながら向かってきたが、織田軍は兵を一人も馬防柵の外に出すことなく、鉄砲兵ばかりを追加して、（柵の外側では）足軽兵によって武田軍をあしらい、信豊隊も多くを討たれて退却した。

五番は馬場信春隊である。彼らも押太鼓を叩きながら突撃してきたが、織田・徳川軍は軍勢を備えて戦ったため、馬場隊は先の部隊同様に兵を失って退却した。

二十一日の日の出から、未《ひつじ》の刻（午後二時頃）まで、寅卯《とらう》（東北東）の方向から、武田軍は部隊を入れ替えながら向かってきた。しかし諸卒を討たれ軍勢が次第に少なくなってきたので、残った者が勝頼の旗本に集まり、鳳来寺の方面へと敗走をはじめた。そのとき織田・徳川軍が武田軍の前後を乱しながら追撃をおこなった……。

ちなみに天正三年五月二十一日は、グレゴリオ暦では一五七五年七月九日にあたる。二〇二三年のおなじ七月九日で計算すると、日の出は午前四時四十一分である（高精度計算サイト「keisan」を利用）。

『信長記』合戦描写の疑問

以上、多少の補足を入れながら、『信長記』における有海原での戦いの描写をほぼ逐語訳で述べてきた。これを読んで、いくつかの点で不思議に思った方もおられるかもしれない。たとえば武田軍の攻撃方法である。これを読むかぎり、五つの部隊が入れ替わりながら攻撃してきた。一部隊ごとに突撃し、その都度鉄砲で撃退されるというのは、素人目でみても稚拙な作戦にうつる。しかし『甲陽軍鑑』にも「一備《ひとそなえ》ぎりに掛《かか》る」という表現があって、横に広がって一斉に突撃してくるというかたちではなかったようだ。

そもそも前章で触れたように、連吾川周辺の地は、馬が十騎並べて動けるような場所ではなかったという。集団で攻撃するにあたり、進路が限定されていた条件では、「一備ぎり」という『甲陽軍鑑』や『信長記』で語られた方法をとる以外に選択肢はなかったのかもしれない。

今回あらためて合戦の場面を読みなおして気づいたのは、佐々成政以下五人の奉行の部分である。原文を読み下しにすると、「御下知次第仕《つかまつ》るべきの旨仰せ含められ、鉄砲（三）千

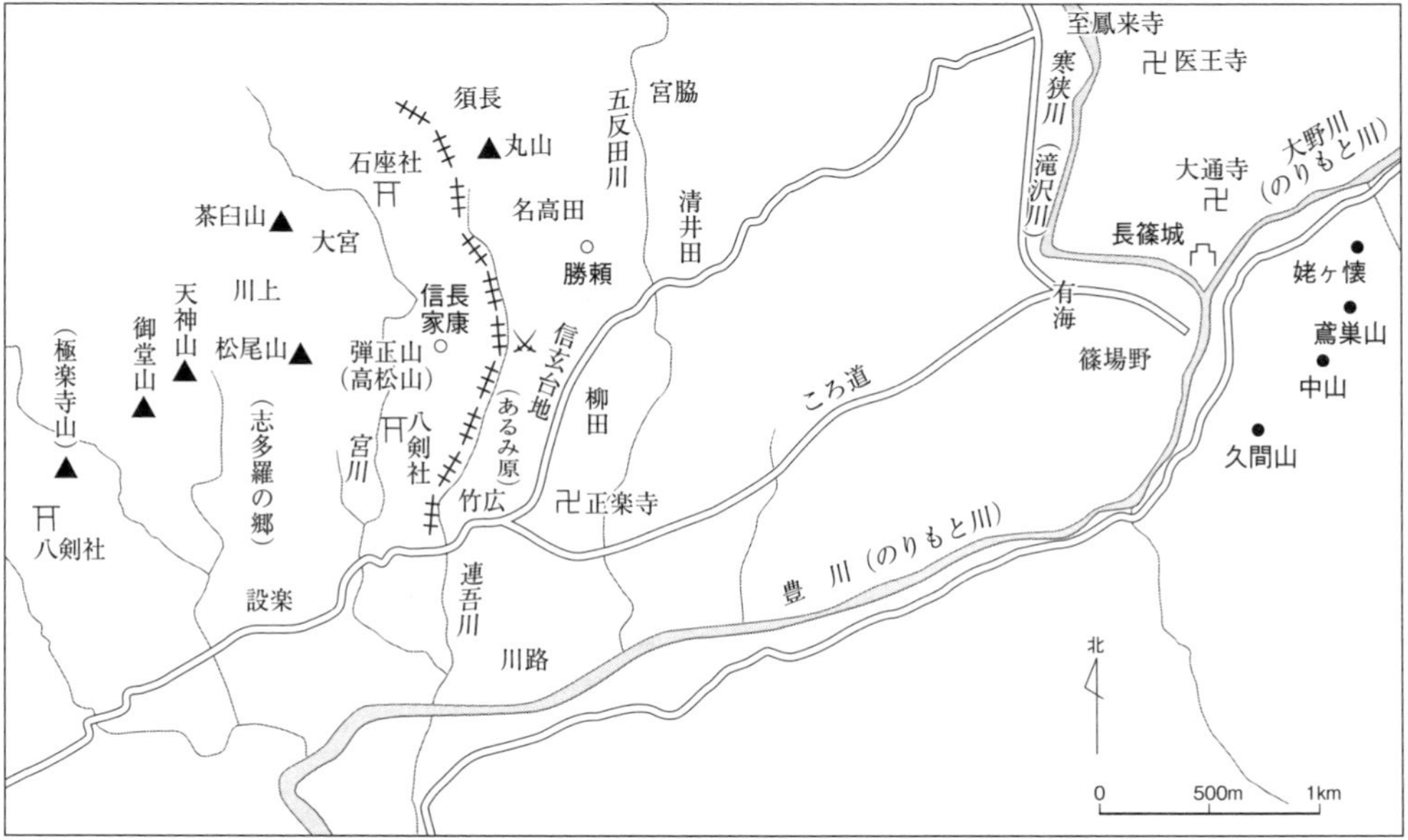

図12　有海原布陣図。（　）内は『信長記』に見える地名。●は武田軍の付城。藤本正行『再検証長篠の戦い』所載の図を元に作成

挺ばかり、／佐々内蔵佐《くらのすけ》・野々村三十郎・前田又左衛門・塙九郎左衛門・福富平左衛門／御奉行として、近々《ちかぢか》と足軽懸けられ御覧じ候」（／は改行箇所）とある。これまでこの部分は、「鉄砲隊の奉行として成政以下五人が命じられた」と解釈されてきた。

『信長記』を下敷きにして書かれた『甫庵信長記』には、「かねて定め置かれし諸手のぬき鉄砲三千挺に、佐々内蔵佐・前田又左衛門尉・福富平左衛門尉・塙九郎左衛門尉・野々村三十郎、この五人を差し添えられ」（原文は漢字片仮名交じり。以下の引用も平仮名交じりにあらためる）とあるから、鉄砲の奉行が五人であるという解釈で叙述されている。『甫庵信長記』の作者・小瀬甫庵《おぜほあん》は、『信長記』のこの部分を右のように理解したわけである。

しかしここは、「鉄砲（三）千挺ばかり」でいったん切り、成政以下五人を奉行として「近々と足軽懸けられ御覧じ候」と読む余地もあるのではないだろうか。つまり成政以下の五人は鉄砲隊ではなく、足軽隊の指揮官として指名されたということになる。これまでの解釈を尊重すれば、鉄砲隊および足軽隊の指揮官という理解もできるかもしれない。後世の人間は、甫庵による『信長記』理解に引きずられてきたといえないだろうか。

なお小瀬甫庵は、永禄七年（一五六四）生まれで、牛一の三十四歳年少となる。牛一の同郷尾張春日井《かすがい》郡の出身であり、医者として池田恒興《つねおき》（信長の乳兄弟《ちきょうだい》）、次いで豊臣秀次《とよとみひでつぐ》（秀吉の甥《おい》）に仕えた。文禄《ぶんろく》四年（一五九五）の秀次没後は出雲松江《いずもまつえ》城主・堀尾吉晴《ほりおよしはる》に、吉晴没後は加賀《かが》の前田利常《としつね》（前田利家の子）に仕えた。寛永《かんえい》十七年（一六四〇）に没している。長篠合戦を知る同時代人であるといってよい。

彼が著した『信長記』(牛一のそれと区別して『甫庵信長記』のように呼ばれることが多く、本書でもそれを採用している)は古活字本と板本があり、古活字本は慶長十七年(一六一二)には刊行されていたことが明らかにされている(柳沢昌紀「甫庵『信長記』初刊年再考」)。より普及している板本は元和《げんな》年間(一六一五—二四)から寛永年間(一六二四—四四)にかけてのもので、『信長記』としてより多くの人の目に触れたのはこちらの著作である。

各巻の冒頭に「太田和泉守牛一輯録《しゅうろく》」「小瀬甫庵道喜居士重撰《じゅうせん》」と銘打たれており、牛一の著作が下敷きであることは隠されていない。内容は、『信長記』の日録的な書き方をより物語風に書きあらため、甫庵独特の儒教的倫理観が展開されている(拙著『織田信長という歴史』)。

ところで(太田牛一の)『信長記』の合戦記事を読むと、右に挙げた点のほか、戦い方について いくつか注目される箇所がある。たとえば織田軍は柵の外に一人も出すことなく、鉄砲だけを追加して武田軍を撃退したという点、また、合戦の時間や、攻撃の方向が記されている点も注目される。

ここで寅卯、つまり織田軍が東北東に向かって戦ったという点にだけ触れておけば、連吾川の川筋と、織田軍が徳川軍の北に布陣したという状況をふまえ、真東ではなく、やや北に向いたかたちで武田軍に対したと推測されており、元亀元年(一五七〇)における姉川合戦の方向描写ともども、『信長記』の正確な合戦描写の一例として挙げられている（藤本正行『長篠の戦い』）。このことを考えてみても、牛一が実際この場にいた可能性が高まる。

合戦結果の伝播

そのほかの諸点は後述するとして、ここでは、合戦の結果が周辺にどのように伝わったのかを同時代の文書や日記によってたしかめてみたい。

信長は合戦当日、いくさに片が付いたあと、わかっているかぎり少なくとも二通の書状を出している。相手は、畿内にいた家臣の長岡（細川）藤孝と村井貞勝《むらいさだかつ》である。近江坂本《さかもと》城（滋賀県大津市）にあった明智光秀にも、おそらくおなじ日に書状を出したらしい。また、越後の大名・上杉謙信にも使者を派遣している。この使者にも書状を持たせていたかもしれない。このうち書状そのものが残っているのは藤孝宛の一通（朱印状）である（『細川家文書』）。以下のような内容だ。

こちら方面の様子は前の書状で伝えたところである。今日は早天から軍勢を配置し、数刻戦った結果、敵を残らず討ち取った。生け捕った者も多数いたので、討ち取った首《しゅ》級《きゅう》の名前をたしかめた注文《ちゅうもん》（リスト）を送る。かねていっていたように、終始問題はなかった。いよいよ天下安全の礎《いしずえ》となった。鉄砲兵を派遣してくれてありがとう。こちらの用が済んだので帰らせることにする。いずれ直接会って話をしよう。

激闘の直後に書かれたものであるためか、いくさの状況については「早天から」「数刻戦っ」て「敵を残らず討ち取った」と曖昧《あいまい》な表現になっているが、この五日後の五月二十六日付で書かれたおなじ藤孝宛の書状（黒印状）には、「数万人を討ち果たした」、「（討ち取ったなかに）勝頼の首が見当たらないが、川に漂っている武者（の死骸《しがい》）があるので、そこにいるだろう」と書かれている。また、「あとは大坂（本願寺）一所なので取るに足らない」と、本願寺攻めに意欲をのぞかせている（『細川家文書』）。

家臣に対しての書状であっても、数万人を討ち取ったとはやや大げさに過ぎるが、勝ち誇りたくなる気持ちもわからないではない。六月十三日付で謙信に宛てた書状のなかでは、「勝頼は〝赤裸《せきら》の体《てい》〟で一人逃げ帰った。大将でさえこうなのだから、他の者は数を知れない」と書いている（『編年文書』）。

貞勝・光秀宛の文書は残っていないが、五月二十四日に京都の公家・吉田兼見《よしだかねみ》が坂本城の光秀を見舞いに訪れたさい、信長から届いた書状をみせられている（『兼見卿記』）。京都の奉行（所司代《しょしだい》）として朝廷の窓口となっていた村井貞勝宛の書状は二十三日もしくは二十四日に届けられ、貞勝はこれを正親町《おおぎまち》天皇に献上した（『御湯殿上日記《おゆどののうえのにっき》』『大外記中原師廉記《だいげきなかはらもろかどき》』）。

このことを日記に記した朝廷の下級官人・中原師廉は、「たつ《（辰）》の時よりかせん《（合戦）》はしまり、ひつし《（未）》のこく《（刻）》にいたつて、かい《（甲斐）》のくにしう《（国衆）》はいくん《（敗軍）》」と書いている。この情報は信長の書状に書かれてあったことを引き写したのだろう。『信長記』の、鳶巣山砦攻撃が辰の刻（午前八時頃）にはじまり、未の刻（午後二時頃）まで戦ったという記述はこれと合致する。

公家・中御門宣教《なかみかどのぶのり》の日記には、「首注文」が写されている。ここには武田逍遙軒・山県昌景ら十四人の武田方の武将の名が記されている（『宣教卿記』）。ただし信廉はこのとき討死していないから、届けられた注文はかならずしも正確ではないことがわかる。『信長記』には十九人の討ち取った武将の名がある。うち『宣教卿記』にもある者は十四人で、『信長記』の首注文が、合戦直後に作成された注文をもとにしていることをうかがわせる（木下聡「長篠合戦における戦死者の推移について」）。

奈良に合戦の結果が伝わったのは二十七日であった。興福寺の僧侶は、武田方の戦死者が千余人であると書いている（『多聞院日記』）。

勝頼はどう伝えたのか

それでは敗軍の将勝頼は、このいくさの結果についてどのように伝えているだろうか。合戦後に出した書状のなかで最も早いのは、九日後、六月一日付のものである（『関保之助氏所蔵文書』）。駿府《すんぷ》や田中城など駿河国内に在番していた武田信友《のぶとも》（信玄の弟）らに宛て、勝頼は、「先手となった二、三隊に損害があったが問題はない」（原文読み下しは「先衆《さきしゅう》二三手、利を失い候といえども、指したる義なく候」）」とし、穴山信君・武田信豊・小山田信茂《おやまだのぶしげ》・甘利信頼《あまりのぶより》らは無事であるからと、討死をまぬがれた家臣の名を挙げ、尾張・美濃・三河境の仕置《しおき》（軍事対策）について固く下知をして帰陣したので心配には及ばない旨を伝えている。

勝利の勢いを駆って、徳川軍が遠江の掛川《かけがわ》（静岡県掛川市）を経て駿河まで迫ろうとしていたため、勝頼は一族の穴山信君を駿河江尻城に派遣した。勝頼自身は、信濃・上野の兵を率い、六月二日に甲府《こうふ》に戻ったという（『関保之助氏所蔵文書』『堤猪三郎氏所蔵文書』）。

ややあとの文書になるが、反信長方として連携していた大和の岡修理亮《おかしゅりのすけ》に対する八月十日付の書状では、「三河長篠の地を攻撃したところ、織田・徳川が後詰《ごづめ》として出撃してきた。累年の願望を叶《かな》えるためすぐに攻め寄せ、一戦を遂げたところ、主だった者を多く討ち取った。勢いに乗じて信長の陣前に押し寄せたところ、敵は陣城を構えて籠もっていたため、そこに軍勢を入れようとしたとき先手の衆がいささか損害を蒙った」と報告している（『古文書鑑』）。

さすがに勝利したとは書かないが、ではどうなのかというと、口ごもってはっきりしないような書きぶりである。損害があったのは先手の衆であることは先の家臣宛の書状に共通する。また、敵が「陣城」を構えて籠もっていたとした箇所はこれまでの研究でも注目されている。馬防柵を構え、その外に出てこなかった織田軍の戦い方を表現したものだろう。

いくさに直接関わった人間、とりわけ軍を率いた大将がそのいくさの結果について書いたものをどこまで信用してよいのか、信長の書状にせよ勝頼の書状にせよ、一級史料ではあるが、考えさせられるものがある。

以上本節では、『信長記』によっていくさの流れをたどったうえで、とくに両軍の大将が書いた書状や、それらを受けて書かれた日記など、五月二十一日にかぎりなく近い時期の史料によって長篠合戦の様子を確認した。鉄砲に注目するなら、『信長記』には、迫ってくる武田軍の各部隊に対し、柵の内側に隠れて鉄砲を放ち、相手に大きな損害を与えたことは書かれている。具体的な戦法は『信長記』からはわからない。

2　当事者・同時代人の証言

当事者は語る

実際長篠合戦に参加した武士のなかに、このときの体験談を書き残している人物はいるのであろうか。

直接本人が書き残したものではないけれども、本人の語りを記した史料であればいくつか存在する。たとえば、織田軍の部将の一人・前田利家のもの。利家の語りを、彼に近侍していた家臣・村井長明《むらいながあき》（初名は重頼《しげより》）が書きとめた自筆の記録『利家公御代之覚書』が、金沢市立玉川図書館加越能文庫《かえつのうぶんこ》に伝来している（大西泰正『前田利家・利長　創られた「加賀百万石」伝説』）。長明の父村井長頼《ながより》は、利家とともに長篠合戦に参加しており、激闘の様子がなまなましく記されている。

それによれば、織田軍の鉄砲三千挺の部隊を利家・佐々成政・福富秀勝三人が率いていたが、利家の前に、朱の具足を着した敵の物頭《ものがしら》（部隊長級の武士）が通ったので利家が声をかけ、朱武者と利家とのあいだで戦闘がはじまった。利家はこのとき向《む》こう脛《ずね》を負傷したが、長頼が駆けつけ、川のなかで組み合い、相手の首を獲《と》ることができた。このとき長頼は兜《かぶと》の眉庇《まびさし》（前方に庇のように出て、額《ひたい》を覆《おお》う部分）を割られ、その刀の勢いで唇を切った。この手柄により信長から具足羽織を下賜《かし》された。また、出血が止まらなかったため信長自ら薬を授けたという。

寛永十八年（一六四一）に事業が開始され、同二十年に完成した、江戸幕府の諸大名・旗本の系図集である『寛永諸家系図伝』の前田利家伝には、利家・成政・秀勝・塙直政・野々村正成が交替して鉄砲隊を指揮しており、利家が当番になっていたときに右の戦闘があったと記されている。

前田家の所伝では、やはり利家が鉄砲隊を指揮する奉行とされているから、先に提示した『信長記』の解釈は今までどおりでよいのかもしれない。それはともかく、利家に関わる史料からは、これら鉄砲隊がどのように指揮されていたのかはわからない。『利家公御代之覚書』では（五人ではなく）三人が指揮したとあるだけで、交替しながらとは書かれていない。

むしろ前田家では、このとき利家と長頼が負傷したことが鮮烈な記憶として伝えられている。討死や手傷はいくさにおける大きな名誉とされるから、そちらのほうが利家の武功として大きかったという認識なのだろう。

徳川氏周辺で成立した記録

前節からひきつづき、ここまではもっぱら織田軍目線の史料を取りあげてきた。もちろん同時代に比較的近い時期に、徳川氏周辺で成立した史料も多くある。そのなかで重要なもののひとつが、『三河物語』である。

『三河物語』の作者は大久保忠教《おおくぼただたか》。むしろ、講談や時代劇映画で知られる将軍のご意見番「大久保彦左衛門《ひこざえもん》」といったほうが通りがよいであろうか。彼は永禄三年（一五六〇）に三河に生まれた。長篠合戦の年は十六歳で、このあと家康に仕えるようになったようである。しかし、彼の二人の（歳の離れた）兄である大久保忠世《ただよ》・忠佐《ただすけ》は、長篠合戦で大きな働きをしたとされている。その意味で忠教は、重要な関係者の一人である。

『三河物語』は元和八年（一六二二）に草稿本が完成していたとされ、最終的に残る自筆本は寛永三年（一六二六）に書かれた（『国史大辞典』）。合戦当時すでに物心がついている年齢ではあったが、書かれたのは長篠合戦から約五十年を経た時点である。また、〝徳川の世〟になってから、主家を支え、戦国の世を生き抜いてきた三河武士が書いた記録として、徳川氏を美化して、譜代家臣たちの働きを強調するような内容には注意が必要だとされている。そのことを前提として、『三河物語』が記す長篠合戦の顚末《てんまつ》をみてゆこう。

勝頼の三河侵攻のきっかけに大岡弥四郎の謀叛計画があったことを記しているのは前章で述べた。両軍が向きあい布陣したあとのこと、鳶巣山砦の奇襲攻撃が提案される。酒井忠次が信長に献策したという。忠次は、三河の国衆を自分が率いて出陣すると信長に申し入れ、信長も喜んでこの策に賛成し、さっそく出陣するよう申し渡した。忠次はその後家康に断ってから出陣してゆく。

鳶巣山砦の攻撃では、戸田半平《とだはんぺい》（重元《しげもと》）の挿話が語られる。先陣争いがあり、指物《さしもの》を指して目立った半平が先陣と認められたという話である（詳しくは拙著『鳥居強右衛門《すねえもん》』参照）。

いっぽう有海原（原文は「あるみ原」）では、信長父子・家康父子が、谷を前にし、丈夫に柵を設けて待ち構えていた。そこに武田軍二万余が、寒狭川に架かる石橋の「節所」を渡って、「一騎打《いっきうち》」の道を一里半移動してきた。

ここでは橋を「節所」としている。次の「一騎打」は、この場合一騎が一列になって進むという意味で、それだけ狭い道（場所）を通ってきたということを意味する。前章で、有海原全体が「節所」であると考えたが、やはりそうみなしてもよさそうである。より具体的にいえば、長篠城から信玄台地に至る「小呂道《ころみち》」も「節所」なのだろう。『信長記』では勝頼の移動距離を三里としていたが、ここでは半分の一里半である。こちらのほうがより実態に近いと思われる。

『信長記』も『三河物語』も、織田・徳川軍や武田軍が「谷」を前にして布陣したと書いている。『信長記』は「前に谷をあて」武田軍が布陣し、『三河物語』は織田・徳川軍が「谷を前にあてて」布陣したとある。いま古戦場に立つと、連吾川を挟んだ南北方向の平地の両側に、小高い丘陵地が迫っているという感覚である。それぞれの台地上からみれば、この平地は「谷」という感覚だったわけである。

『三河物語』の記す有海原の激突

『三河物語』では、織田・徳川軍を十万余とする。彼らは柵の内から出ず、足軽ばかりを出して戦ったという。織田軍方面では、柵際まで敵を引きつけ、その後は柵の内側に入った。この戦術は『信長記』にも記されていた。

いっぽう徳川軍方面では、大久保忠世・忠佐兄弟が縦横無尽の働きぶりを示した。二人が指揮する部隊は、敵味方のなかに乱れ入り、敵がかかってくると引き、敵が退けば逆にかかってゆくという自在な動きをみせた。

信長がこの様子をみて、徳川軍の手前で、敵かと思えば味方、味方かと思えば敵のような動きをする「金の揚羽蝶《あげはちょう》」と「浅黄《あさぎ》の黒餅《こくもち》」の指物を指した二人は誰なのかをたしかめてこいと使いを出した。これに対し家康は、彼らは家臣の大久保兄弟であると答えた。信長はそれを聞き、さても家康は良い家臣を持ったものだ、自分には彼らほどの家臣はいない。彼らは「よき膏薬《こうやく》」である。敵にべったりと貼《は》りついて離れないからだ、と称賛したという。

武田軍は、山県昌景をはじめとする将たちが「入れ替え入れ替え」戦ったものの、「雨の足のような鉄砲」に当たって討死していったため、勝頼も退却を決断した……。

『三河物語』の語る有海原でのいくさのなかで確認しておくべきは、とくに織田軍が柵の外には足軽兵ばかりを出して戦ったとする点、「雨の足のような鉄砲」を武田軍に放った点、武田軍が入れ替わりながら攻撃してきた点だろうか。織田軍と武田軍の戦術は『信長記』に共通する。鉄砲については、激しく撃ってきたことはわかるものの、具体的な戦法はわからない。

またここでは、大久保兄弟の活躍も注目される。作者忠教の兄たちの武功だから、ことさら強調されたのかもしれない。とくに長兄忠世については後日談も記されている。

合戦後に家康が安土《あづち》（岐阜の誤りか、もしくは信長が安土城に移って以降のことか）にお礼に参上したとき、御供衆《おともしゅう》を一瞥《いちべつ》した信長は、「鬚《ひげ》は来ないのか」といった。そこで江原利全《えはらとしたけ》が前に出た。しかし信長は「いやいやお前でなく、長篠での鬚のことだ」というので、不在の忠世に代わって弟の忠佐が罷《まか》り出《で》たところ、信長から長篠合戦での二人の働きを賞され、服を賜ったという。

江原利全も大久保忠世も鬚をたくわえ、それが二人の面貌《めんぼう》の特徴となっていたのだろう。

信長は鬚をよすがに忠世の戦場での働きぶりを憶《おぼ》えていた。忠世を「長篠にての鬚」と呼ぶ信長のあだ名付けの絶妙な感覚がうかがえる。これを受けた後世の史料に、忠世を「鬚男」と呼ぶものもあるから（『武徳大成記』）、彼はさしずめ〝長篠のヒゲダン〟といえようか。

『松平記』の合戦記事

次に『松平記』である。この記録は江戸時代のごく初期に成立したとされており、家康が神格化され礼賛されるようになる前に書かれたため、ある程度の客観性があると評価されている。もとになった記録は、一五六〇年から七〇年頃に戦場で活躍した人びとから直接取材した聞書を取り入れているという（『愛知県史　通史編3』）。

『松平記』では、鳶巣山砦攻撃、有海原の激突と時間順に記されておらず、鳶巣山砦攻撃の記事があとにある。そこでは、発案者が誰かはわからず、目的は、鳶巣山砦を放火して落とし、小荷駄を奪い、長篠城内の兵と合流して、包囲軍を一掃することにあったとする。

攻撃軍として酒井忠次・金森長近・松井《まつい》忠次《ただつぐ》（三河東条《とうじょう》城主）・松平伊忠《これただ》（同深溝《ふこうず》城主）の名が記されている。武田軍は油断していたために虚を突かれ、二千余人が討死した。攻撃軍も伊忠をはじめ三百余人が討死し、二百人が負傷したという。鳶巣山砦での討死・負傷者の数が示され、またここで徳川方・松平伊忠の討死が記されている。伊忠は、長篠合戦における徳川方の戦死者のなかで最も名の知られる人物であろう。

『松平記』は、有海原でのいくさは卯《う》の刻（午前六時頃）にはじまったとする。『信長記』より早い時間帯である。布陣の様子について、信長・家康の陣の前に柵を「しげく」（重ねて、たくさん）構えたとする。いくさがはじまる前に武田軍から物見が三騎出てきたものの、徳川軍から内藤《ないとう》甚五左衛門らが出て、これを追い払った。

また、やはりいくさがはじまる前、大久保忠佐が兄忠世に対し、今回のいくさは、織田軍は加勢であり、徳川軍こそ「本陣」なので、織田軍に先手を取られては恥辱になるとして、自ら足軽兵を率いて仕掛けたいと申し出、家康もこれを了承した。『信長記』に徳川方が地元なので先陣として最前線に布陣したとある記事に通じる。

家康はそこで日下部《くさかべ》定好《さだよし》・成瀬《なるせ》正一《まさかつ》に命じ、諸隊から優れた兵を選び出させて歩兵とし、鉄砲の上手を選び大久保忠世に付属させ先手を命じた。忠世は山県昌景隊と激突し、鉄砲によって敵の先手を崩した。昌景の与力であった広瀬《ひろせ》郷左衛門・小菅《こすげ》五郎兵衛・三科《みしな》伝右衛門も大久保隊と戦ったものの、鉄砲を「しげく」打ちかけられて負傷し、昌景は討死した。

これを読むと、鉄砲兵が先手となって（いわば鉄砲足軽として）突出して相手を射撃するという戦い方も採用していたように解釈できる。柵の外に出て敵をおびき寄せる鉄砲兵と、近づいてくる敵を柵の内側から待ち構えて撃つ鉄砲兵の二種である。あるいは織田軍において、前田利家以下が命ぜられた役割もこうした大久保兄弟のようなものであり、先に触れた利家の負傷も、足軽隊を率いた利家が、敵を引きつけるために前に出たときに起こったことなのかもしれない。

さてその後は小幡隊が「入れ替わって」合戦し、いっぽうで織田軍の先手である滝川一益隊・佐久間信盛隊と、武田方の馬場隊および真田信綱《さなだのぶつな》・昌輝《まさてる》の部隊が戦い、物頭の土屋昌続《まさつぐ》含め討死した。ちなみに信綱・昌輝兄弟が討死したあと真田家を継いだのは、彼らの弟で、関ヶ原合戦のとき、徳川秀忠《ひでただ》率いる大軍を上田城に釘付けにしたことで知られる昌幸《まさゆき》である。

いくさは卯の刻から未の刻の半ば（午後二時）までで、武田軍は敗れた。勝頼も討死寸前まで追いこまれていたが、内藤昌秀と馬場信春が居残り、二人は討死したものの、勝頼は逃れることができた。昌秀を討ち取ったのは朝比奈泰勝《あさひなやすかつ》、信春を討ち取ったのは塙直政配下の河井《かわい》三十郎という者であった……。

以上『松平記』の記事で注意しておくべきは、鳶巣山砦攻撃時の双方の損害、合戦開始の時刻である。また、ここでも大久保兄弟が先手となって手柄を挙げたことが記される。有海原での大久保兄弟の活躍は、徳川家中に共有されていたのであろう。その戦術は、優れた歩兵と鉄砲兵を編制した部隊により、前進して攻撃するという能動的なものであり、いくさの過程では徳川方から鉄砲が激しく放たれたことがわかる。

全般的に『松平記』では、柵の位置づけがはっきりしない。鉄砲が柵の内側から放たれたのか、織田・徳川軍の兵は柵の内外いずれで戦ったのか、『信長記』や『三河物語』のような明確な描写はない。鉄砲については、鉄砲兵の一部が大久保隊に付属されて彼らの突撃に参加したことが目立つところだろうか。

家康の命により各隊から兵を選んだ日下部定好・成瀬正一については、兵学者・山鹿素行《やまがそこう》の著書である『武家事紀《ぶけじき》』（延宝《えんぽう》元年〔一六七三〕序文）に、定好は正一とともに軍使を務めたとある。また、寛政《かんせい》年間（一七八九－一八〇一）に江戸幕府が編纂をおこない、文化《ぶんか》九年（一八一二）に完成した諸大名・旗本家の系図集である『寛政重修諸家譜』には、定好は正一とともに先鋒に進んだとある。

成瀬正一について『松平記』は、かつて三河を去って一時期武田氏に仕えていたことがあり、武田軍の指物や旗の紋などを知っているために物見を申し付けられたとする。この正一の働きについては、次章で触れる長篠合戦図屏風《びょうぶ》の読み解きと深く関わることになる。

『当代記』の合戦記事

『当代記』もまた江戸時代の初め頃に徳川氏周辺で成立した編年の（時間順に追って記載のある）記録として、その後の江戸幕府による史書編纂に利用されている（平野仁也『江戸幕府の歴史編纂事業と創業史』）。本書では先に、合戦以前に信長が家康に兵粮を送った記事に言及した。長篠合戦にかぎらず、この時期の徳川氏の動きをたどるうえでしばしば依拠されている史料である。

作者は家康の外孫・松平忠明《ただあきら》との説があるが根拠はなく、「江戸幕府当局者から情報を入手できる立場の者が、手もとの資料や手びかえを整理して、後年に執筆した」とされる(『国史大辞典』)。ただ作者を仮に忠明だとするなら、長篠合戦に関しては重大な意味を持つ。というのも忠明は、長篠城を守った奥平《おくだいら》信昌を父とし、家康長女亀姫《かめひめ》を母とする人物だからである。

『当代記』では、酒井忠次・本多広孝(三河土井《どい》城主)・奥平定能以下五千余の兵が鳶巣山砦攻撃の別働隊として編制されたとする。彼らは夜中に豊川を渡り、吉川《よしかわ》に移って、終夜山中を行軍した。五月二十一日の未明に鳶巣山砦を攻撃し、長篠城の兵と一手になったという。吉川とは、豊川の南、連吾川よりやや下流で豊川に合流する大入川《おおにゅうがわ》をさかのぼったところにある集落で、この北にある標高約四三〇メートルの舟着山《ふなつきやま》をぐるりと迂回して、鳶巣山の背後に回ったのだろう(図10)。別働隊の移動径路をはじめて記した史料である。本多広孝は、前章の表1に示したとおり家康旗本に属していた(本多隆成『定本徳川家康』)。

鳶巣山砦の奇襲を受けた武田軍は、このため無理に信長・家康の陣所へ押し寄せたという。背後にも敵を有することとなり、有海原に陣した武田軍が前進せざるをえなかったという理屈である。ただし信長・家康の陣の前には柵が構えられていたうえ、両軍は「向いの原」に数千挺の鉄砲兵を動かし、敵へ放ったので、武田軍は引き退き、これが度々に及んだために武田軍は大きく損害を蒙ったという。

「数千挺」という挺数もそうだが、「向いの原」に鉄砲兵を動かしたというのは、柵の前後いずれになのか、解釈に迷うところである。また、武田軍の攻撃と撃退について、「このようにすることが度々に及んだ」とあるので、『信長記』にあるような、武田軍の突撃と、織田・徳川軍の鉄砲による撃退のくりかえしを表現しているのだろうか。

『大須賀家蹟』の合戦記事

次に『大須賀家蹟』である。この史料は、従来『大須賀記』(東京大学史料編纂所謄写本)として知られた史料とほぼおなじ本文を有する写本である。『大須賀記』は「徳川家臣の大須賀氏の家譜で、長篠の戦いの有力な史料」と評されている(藤本正行『長篠の戦い』)。同記には、延宝七年(一六七九)の書写奥書があり、「海老江《えびえ》某の記なり。弘文館《こうぶんかん》の蔵書なり」とある。弘文館とは、江戸幕府の儒者林家《りんけ》の私塾であり、昌平坂学問所《しょうへいざかがくもんしょ》の前身である。

『家蹟』は国立公文書館(内閣文庫)の蔵本で、それをみると、午《うま》六月二十四日付で海老江里勝《さとかつ》が井上太左衛門に宛てた書状の形式になっている。里勝は今川氏旧臣だったが、のち井伊《い》氏に仕えた。寛永十年(一六三三)に八十二歳で没したという(彦根城博物館所蔵『侍中由緒帳』三十三)。『家蹟』によれば、井伊《い》氏に仕える前は大須賀氏に仕えていたようである。

ここでは、「わたしは天正二年(長篠合戦の前年)に大須賀康高《やすたか》に仕えたが、その時分は若輩だったので、詳しくは知らないけれども」と語り出されている。没年から計算すると、長篠合戦のとき二十五歳である。

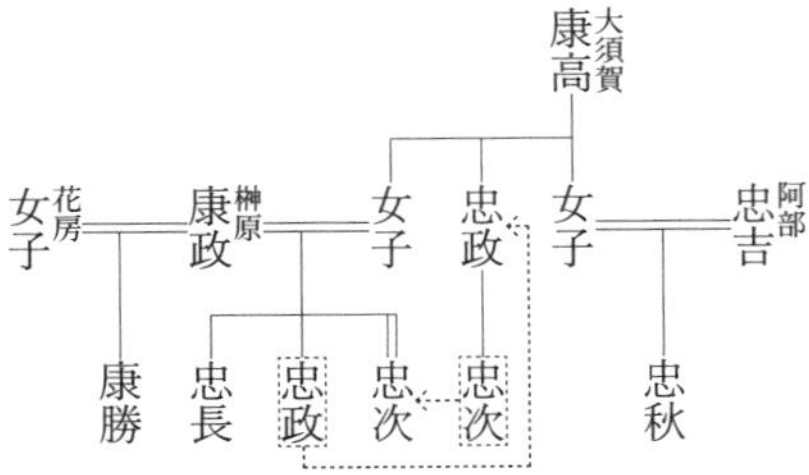

図13　榊原氏・大須賀氏略系図

大須賀康高は家康の家臣であり、前年遠江高天神《たかてんじん》城を武田氏に奪われたあと、その備えのため、同国馬伏塚《まむしづか》城（静岡県袋井市）に配された（『大須賀家蹟』）。長篠合戦にも参加している。

『家蹟』の奥書によれば、康高の孫にあたる阿部《あべ》忠秋《ただあき》（豊後《ぶんごの》守《かみ》）と旗本井上《いのうえ》太左衛門から、忠秋の祖父康高の事蹟を尋ねられたやはり孫の榊原忠次《さかきばらただつぐ》（関係は図13参照）が、里勝であれば多くの戦場を経験してよく知っている者だからと紹介され、里勝が井上に回答した書状を写したのがこの写本である。「午」とは、内容から元和四年（戊午《ぼご》・一六一八）と推測される。里勝も大久保忠教同様、長篠合戦の場にいたわけではないようだが、戦国の世を生き抜いた武士として、徳川家中で康高が関わったいくさの記憶を語っている。

『家蹟』の書誌的説明が長くなってしまった。この記録では、酒井忠次を大将として、松井忠次をはじめとする東三河衆が参加し、五月二十一日朝に鳶巣山砦を奪ったとある。ただしその後敵も盛り返し、砦を奪い返されたが、ふたたび酒井忠次隊が陥落させたという。鳶巣山砦の攻撃が簡単には運ばなかったというのは、他になかった注目すべき情報である。

鳶巣山砦を奪われた武田軍は、総軍を長篠城攻めから撤し、織田・徳川軍の正面から攻撃してきた。しかし織田軍は皆が柵の内側に籠もり、一人も外に出さなかった。いっぽう五千に足りない徳川軍は、柵の外に騎馬で出ることは御法度だったため、皆歩兵となって柵の外に出、敵と入り乱れいくさになった。

一番合戦は大須賀康高であり、最後まで奮戦した。また大久保忠世・忠佐兄弟らは信長・家康の命により騎馬で物見として出撃したが、これは敵味方に目立っていたという。

いくさは九つ（午後〇時頃か）から八つ（午後二時頃）まで、一進一退をくりかえしていたが、しまいには武田方の敗色が濃厚となり、そうなると織田軍も柵の外に出て徳川軍と一団となって追撃し、敵の首級二千ほどを討ち取った。家康は鳳来寺麓《ふもと》の黒瀬まで追撃していったが、もはや敵は一人もいなかったのでそこで引き返した……。

『家蹟』が語る有海原のいくさの記事で注目されるのは、鉄砲についてまったく言及がないことである。柵については、織田軍が外に出なかったというのはこれまで紹介した史料に共通する。ただ騎馬で出ることが御法度だったという点は興味深い。たしかにこれまでの史料では、足軽を外に出し、敵を引きつけるという戦術をとっていたから、より具体的に柵の内外での戦術が明らかになってきたようである。

『権現様御一代記』という史料

比較的早い時期に成立したとおぼしき徳川方の記録として、ずっと気になっている史料が

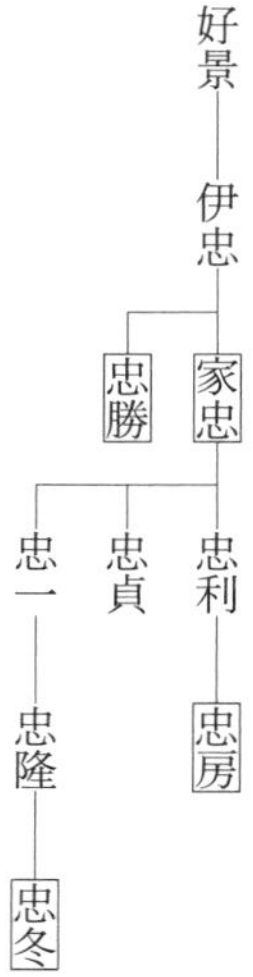

図14　深溝松平氏略系図。四角囲みは日記や記録を残している者。『寛永諸家系図伝』、島原図書館松平文庫所蔵『系譜書上控』を元に作成

ある。『権現様《ごんげんさま》御一代記』である（国立公文書館内閣文庫所蔵）。旧著『鳥居強右衛門』でも、これを抄出した写本『松平《まつだいら》十郎左衛門忠勝《ただかつ》筆記之写抄録』（東京大学総合図書館所蔵・旧南葵文庫本）のなかで、強右衛門の処刑に至る経緯が素朴な筆致で記されており、「ある意味真に迫っているのではないか」と評した。

『松平十郎左衛門忠勝筆記之写抄録』の奥書に、筆者である十郎左衛門の子孫が持っていた自筆本の副本から写したとあり、親本の年記は慶長十三年（一六〇八）七月である。写本自体の書写年は幕末の嘉永《かえい》七年（一八五四）である。国立公文書館には『松平十郎左衛門覚書』と題された別の写本もあり、こちらは元禄《げんろく》六年（一六九三）に写されている（岡崎市立中央図書館古文書翻刻ボランティア会編『三河記　松平十郎左衛門覚書　全』）。くらべてみると、後者の『覚書』もまた抄出のようである。

ではこの松平十郎左衛門とは何者なのか。書名にあるとおり諱《いみな》（実名）を忠勝といい、父は松平伊忠、そう、鳶巣山砦攻撃のさい、徳川方として討死したあの人物なのである（図14）。

忠勝は伊忠の二男であり、嫡男である兄は松平家忠という。天正年間（一五七三－九二）から文禄年間（一五九二－九六）に至る徳川家中の動向を知るうえでの重要史料『家忠日記』の筆者である。系図によると忠勝は、人質として岡崎城に入り、家康に小姓《こしょう》として仕えて、大久保忠世に属した。慶長五年（一六〇〇）の石田三成《いしだみつなり》らによる伏見《ふしみ》城攻撃のさい、在番衆として籠城した兄家忠が討死したあと、幼い嫡男忠利《ただとし》の後見となった（『系譜書上控』）。弘治《こうじ》二年（一五五六）に生まれ、慶長十四年（一六〇九）に没した。彼の子孫は羽太《はぶと》氏・丹《に》羽《わ》氏を名乗り嫡流に仕えたという（『深溝世紀《ふこうずせいき》』『五明録《ごめいろく》』）。

以上に紹介した忠勝の出自や経歴をふまえると、彼の筆録にかかる『権現様御一代記』は、成立年代が群を抜いて古く、自身が家康の近くに仕え、また父親が長篠合戦で討死したという意味で、きわめて重要な史料ということになる（合戦当時、忠勝は二十歳）。

ただ、旧著でも述べたが、この史料に全幅の信頼を置いてよいものか、いまだ判断に迷うところがある。旧著の段階から自身の認識に進展がないのは情けないかぎりなのだが、ひとまず、右のような経歴を持った人物が書いた（あるいはその人物に仮託して書かれた）史料として、そこに記されている長篠合戦の様子をみてゆくことにする。

『権現様御一代記』の合戦記事

『権現様御一代記』は、たとえば天正三年（一五七五）の場合、「卅四《さんじゅうし》の御年は」と、家康の年齢を記すことから書き出される。家康の年齢を追って、その年に何があったかが記される編年の体裁の記録である。

ここでの長篠合戦の記事は、まず合戦前の武田方の軍議からはじまる。山県昌景が兵を引くよう勝頼に意見したところ、勝頼はこれを受け入れず、「むしやう（無性）軍《いくさ》」（力攻めのことか）を決断し、家臣の跡部勝資《あとべかつすけ》・長坂光堅らがこれに賛成する。こうした内容は、あとで紹介する『甲陽軍鑑』に通じるものであり、それが徳川方の記録に書かれている点でも、やはり違和感がある。

それはともかく、徳川軍は野田の川岸に布陣し、前に柵を構え、内藤四郎右衛門・大久保忠世・同忠佐・渡辺守綱《わたなべもりつな》・小栗忠政《おぐりただまさ》を柵の外に陣取らせ、敵が襲ってきたら柵の内に入って敵を引きつける作戦を立てた。このあたりはこれまで読んできた史料に通じる。柵は三十間《けん》（約五十五メートル）に一箇所ずつ隙間《すきま》を設けた。

織田軍も野田野の真ん中に堀を掘り、柵を構えた。左右に羽柴秀吉・前田利家を置き、本《ほん》宮山《ぐうさん》際には佐久間信盛・滝川一益を置き、柵を設けて陣地を張り出させた。このように柵を構えたのは、武田軍が騎馬に優れていたからだとし、陣所に馬で突入されることを防ぐため、家康は縦にも二十間（約三十六メートル）の柵を設けて横から入られないようにしたという。

いくさはまず武田軍が佐久間・滝川の陣を攻めることからはじまった。山県昌景の働きによって両将の兵が押され気味になったところを馬場信春隊などが襲いかかってきたが、徳川勢がこれを撃退した。羽柴・前田勢を攻めた武田勢は、両勢の勢いに押され、佐久間・滝川勢の陣に脇懸《わきが》け（横からの攻撃）することを余儀なくされ、佐久間・滝川勢は崩されそうになった。

徳川軍は皆下馬し、「花のごとくに鑓《やり》を揃えて戦い」、武田軍は縦の柵にも阻まれて突入できずに多くが討ち取られた。武田軍は五度まで入れ替わりながら突入したものの、織田・徳川軍は慌てずに戦ったために敗色が濃くなり、勝頼の旗本が色めき立ったのを秀吉がみて追撃をはじめ、織田軍は一斉にこれに助力したという。織田・徳川軍が武田軍を黒瀬まで追撃し、七千余の首級を獲った。

いっぽう鳶巣山砦攻めの別働隊は、有海原からみて東の低いところにいたため、いくさがはじまったことも知らず、武田軍が敗走を開始したときに合流して追撃したところ、伊忠（作者忠勝の父）が、敗走してきた兵と鳶巣の川岸で戦って討死した。別働隊のうち本多広孝隊は武田方の長篠城包囲軍を破り、また桜井《さくらい》某らも長篠城内の兵と一緒になって包囲軍を討ち取った……。

以上『権現様御一代記』の合戦記事の特徴について、まず柵の描写の細かさを挙げることができるだろう。長さを示し、さらに縦にも構えたとある。さらに、織田軍のうち佐久間・滝川勢が攻めこまれたとあるのも、ここまでみてきた史料にはなかった。

鳶巣山砦攻めの別働隊が、有海原でのいくさについて気づかず、敗走する武田勢により気づいたという記述は、これまでの史料とはまったく逆である。鳶巣山砦の攻撃があったからこそ有海原の武田軍が前進してきたという因果関係で述べられていたからだ。武田軍が前進し攻撃を仕掛けた理由がこれではわからなくなる。

いっぽうで武田軍が五度まで入れ替わりながら攻撃してきたという点は他の史料に通じるものであり、やはりこの史料でも、鉄砲にはひと言も言及されていない。いくつか注目すべき点のある史料ではあるが、冒頭の武田軍の軍議の話をはじめ疑わしい部分もあって、利用に注意が必要な史料であることは変わらない。

『形原松平記』の合戦記事

徳川方の史料として、最後にもうひとつみておきたい。『形原《かたのはら》松平記』という記録である。これは、徳川氏の一族であり、三河形原（愛知県蒲郡市）に本拠があった形原松平家の家中で成立した史料で、長篠合戦では、当主の家忠《いえただ》（『家忠日記』の記主とは別人）が、東三河衆の一員として鳶巣山砦攻撃の別働隊のなかにあった。したがってこの記録は、基本的に鳶巣山砦の攻撃を記すものである。

『形原松平記』は、寛永十八年（一六四一）に当時八十歳を過ぎていた二人の家臣が連名で家中に提出した書上（上申書）だとされており、「戦乱の世の当事者自身による武功・高名語り、泰平の世に生き残った彼らの晩年における戦場の記憶・証言記録」と評価されている

（『愛知県史　資料編14』）。ここまでみてきた各種史料と共通するような歴史的背景を持った史料ということになるだろう。

前述のとおりこの史料は鳶巣山砦攻撃の様子を記す。酒井忠次が組頭《くみがしら》（大将）であり、形原松平家忠は、やはり徳川一族で東三河衆の長沢《ながさわ》松平康忠《やすただ》とともに「裏掛」を仰せつかったという。この「裏掛」（ウラガケと読むのだろう）という言葉の意味するところが判然としない。忠次を支える副将のような立場だろうか。

別働隊は、野田の川（豊川）を越えて、塩沢《しおざわ》・吉川を経、「山道にてもいかにも難所」をたどり、鳶巣山に至る。鳶巣山の下には徳川方が砦を構えていた。長篠城内には、奥平信昌・鵜殿康孝《うどのやすたか》・松平伊昌が籠城しており、家忠・康忠の両人が率いた部隊が敵の砦を焼き払い、勝利した。多くの高名を挙げたが、すべて「討捨」にしたという。

討ち捨てとは、討ち取った敵の首は獲らないという意味で、討ち取った敵の数で高名をあらそう戦場では特別な意味を持つ。首を獲るいとまのない混乱した状況であったことが予想される。これは有海原でのいくさの記事だが、徳川方・渡辺守綱の手柄のなかで、やはり討ち取った敵は討ち捨てにしたとある（『寛永諸家系図伝』渡辺守綱伝）。

最後に、このいくさが卯の刻（午前六時頃）にはじまり、未の刻（午後二時頃）に終わったとする。また、「信長公鉄砲をもって利を得たまうと云う」とあって、鉄砲が勝利の要因であったことを記す。ただし、「と云う」と伝聞のかたちで記している。鳶巣山砦を攻めた形原松平家にとって、これを直接見聞きしていないことを意味していると思われる。

同時代人の語る長篠合戦

『信長記』を手はじめに、もっぱら織田軍・徳川軍の関係者のなかから成立したと考えられる記録をみてきた。その多くは、直接いくさに参加した者の語りであったり、参加はしていないが、兄弟たちや主君が手柄を挙げたりしたことを知る同時代人が、後年江戸時代に入ってから書いた記録であった。

これらの史料は、いま述べたように、書いた人の立場によって記事の部分部分で濃淡があり、いくさに参加した人の立場によっても内容が異なっている。そうした相違点をふまえたうえで、これら史料に確認できる長篠合戦の特徴を拾い出してみると、次のような点に注目できるだろうか。

いくさの時間について、ほぼどの史料も未の刻（午後二時頃）に決着がついたとする。信長も書状にそう記していたようである。ただし開始時間は、日の出（午前五時前）、卯の刻（午前六時頃）、辰の刻（午前八時頃）、九つ（午後〇時頃）とまちまちで、信長は「早天」と書いていた。鳶巣山砦攻めと有海原では、当然開始時間は異なるだろう。九つは遅すぎるが、日の出から早朝にかけてはじまったと考えてよいだろうか。

武田軍の戦術としては、その都度触れてきたが、部隊ごとに入れ替わりながら突入していったことがうかがえる。全隊挙げての一斉攻撃というわけではない。

いっぽう織田・徳川軍の戦術は、柵を構え、基本的に外に出ない（出てはいけない）という戦い方であったことがわかる。ただし、下馬して歩兵となり、柵の外に出て敵を引きつけるという戦術をとっていたようである。鉄砲の射程距離も関係するのだろう、できるかぎり相手を引きつけてから撃つという戦い方であった。また柵外に出た足軽のなかには、鉄砲を所持していた者もいたことが推測される。とりわけ徳川軍のほうが柵外でのいくさに積極的であり、大久保忠世・忠佐兄弟がその先頭に立ったようである。

その鉄砲については、千挺から数千挺まで、数はこれまたまちまちであり、これを用いた戦術についても、具体的な戦術はこれらからは定かではない。『信長記』ほか、鉄砲が大きな効果を挙げて相手に大損害を与え、勝利の大きな要因となったことを記す史料があるいっぽうで、鉄砲についてまったく触れていない史料もあるのは興味深い。前述のように立場によって視点が異なるゆえであろうが、少なくとも同時代人においては、長篠合戦すなわち鉄砲という単純な見方一色に染まっていたわけではないことがわかる。

3　江戸時代における長篠合戦の物語化

武田氏の兵書『甲陽軍鑑』

ここまで、もっぱら江戸時代初期までに成立した史料によって長篠合戦の推移をみてきた。次に、時代が下るにつれてこれらの話が変容してゆく様子をたどっていきたいと思うが、その前に、同時代に近い人びとの証言をもう少し確認しておく必要がある。武田氏に関わって成立した史料をまだみていなかったからだ。

そこでまず取りあげるのは、兵書『甲陽軍鑑』である。近代歴史学のなかで長いあいだその史料的な信頼性に疑問が持たれてきたが、書誌学的・国語学的検討を経た活字刊本『甲陽軍鑑大成』の刊行と、それによる良質な本文の提供があり、この史料が戦国時代末・江戸時代初期に成立したという同時代性は揺るぎないものとなった（酒井憲二編著『甲陽軍鑑大成』・拙稿「長篠の戦いにおける武田氏の「大敗」と「長篠おくれ」の精神史」）。

右の研究によれば、武田氏の宿老・春日虎綱（高坂弾正）の口述を、彼に仕えた能役者大蔵《おおくら》彦十郎が筆記したものがまずあり、天正六年（一五七八）の虎綱没後は、彼の甥の春日惣二郎が書き継いだ記録が『甲陽軍鑑』の原本だとされている。その後原本を武田氏旧臣小幡《おばた》光盛《みつもり》が入手し、甥の同景憲《かげのり》が引き継いで整理編集した。元和七年（一六二一）にはその写本が毛利秀元《もうりひでもと》（毛利輝元の甥）に献上されている。

春日虎綱は、長篠合戦当時越後上杉氏に対する防備のため信濃海津城《かいづ》（長野県長野市）に在番していたとされ、合戦には参加していない。合戦にて山県昌景ら多くの宿老が討死したことを受け、そうした事態を惹《ひ》き起《お》こした責任を、勝頼側近の跡部勝資・長坂光堅に問いかける体裁で叙述が展開されている。つまり長篠合戦「大敗」の責任追及が基調になっているのである。

最終的な整理に携わった小幡景憲は、甲州流兵法の祖として知られる人物である。元亀三年（一五七二）に生まれ、武田氏滅亡後は家康・秀忠に仕えたもののその後流浪し、慶長五年（一六〇〇）の関ヶ原合戦では井伊直政《なおまさ》の下で働き、元和元年（一六一五）の大坂夏の陣では豊臣方として大坂城に入ったものの、徳川方に内通し、戦後徳川氏に帰参したという経歴を持つ。寛文《かんぶん》三年（一六六三）に九十二歳で没した（有馬成甫「甲陽軍鑑と甲州流兵法」・『国史大辞典』）。長篠合戦当時わずか四歳なので、合戦に直接関わりはないが、ここまで登場してきた記録の語り手たちにひけをとらない同時代人である。

景憲は、『甲陽軍鑑』原本を整理する過程で「啓発せられ、示唆を受け、兵法を編み出した」とされている（有馬前掲論文）。以降『甲陽軍鑑』は、甲州流兵法の正典として享受されることになる。

ただしこれまで触れてきた史料同様、このなかに書かれていることすべてに全幅の信頼を置き、それらを事実であるとみなすことはできない。この点は先行研究でも十分に注意されており、他の史料と比較しながら利用する姿勢がとられている。

長篠合戦の敗戦に直面しながら口述されてきたという成立経緯をふまえれば、長篠合戦を考えるうえで『甲陽軍鑑』はまことに重要な史料といえるのだが、敗戦の責任を追及するという基調であるために、実際起きたことを曲げて解釈している可能性がないわけではない。この点はやはり注意しなければならない。

『甲陽軍鑑』の合戦記事

成立の経緯もあって、『甲陽軍鑑』では多くの箇所で長篠合戦に触れられている。そのなかで、いくさの様子が詳述されている巻は、信玄から勝頼に至る武田氏の動向を記す品《しな》第十（以下品十と呼ぶ）、四種の「悪将」を批判する四悪将巻四（以下四悪将と呼ぶ）、勝頼の事蹟を記す勝頼記上巻（以下勝頼記と呼ぶ）である。これらに記された、武田氏側からみた長篠合戦の様相について、ここまで述べてきた史料での記事と関わる点や、『甲陽軍鑑』独自の記事に着目しながら、要点ごとにまとめて紹介したい。

①武田氏の軍議

品十に、前年天正二年（一五七四）の十二月二十八日に開かれたという武田家中の軍議についての記事がある。これは翌年一年間の軍事を話し合うための会合で、ここへの出席資格をめぐって、内藤昌秀と跡部勝資・長坂光堅とのあいだに諍《いさか》いが起きた。その流れで、多くの宿老の諫言《かんげん》を斥《しりぞ》け、側近である勝資と光堅の主張を勝頼が採って、織田・徳川領国への攻撃が決定された。

②合戦の決断

四悪将には、馬場信春・山県昌景・内藤昌秀らが、長篠城攻撃後兵を引くか、同城を落として勝頼が入り、織田・徳川軍と対峙して持久戦に持ちこむように意見したところ、ここでも長坂光堅が攻撃続行を主張し、勝頼がそれを聞いて決戦を決断したとする。この対立は勝頼記にも記載がある。

③織田・徳川軍の柵

四悪将・勝頼記では、織田・徳川軍が「しやく（柵）」を三重に構え、節所を三箇所設けたとする。この場合の節所は、柵を互い違いに設けたさいの通行可能な隙間ということだろう。

④軍勢の数

勝頼記では、武田方一万二千、織田・徳川方十万とするが、四悪将では、武田軍を一万六千、織田・徳川軍を九万二千五百（少なく見積もっても七万）とする。そのうえで、三重の柵は十万の加勢があるとみなせるから、敵十七万に一万六千で立ち向かったようなものだったと批判している。

⑤有海原での武田軍の備えと戦い方

四悪将では、右（北）に、馬場信春、真田信綱・昌輝兄弟、土屋昌続、穴山信君、一条《いちじょう》信竜《のぶたつ》（信玄の弟）の五隊、左（南）に山県昌景以下五隊、中央に内藤昌秀以下五隊を配置し、騎馬したのは一備えに七、八騎で、残りは下馬して鑓を携え、「一備ぎり」に攻撃した。これが「馬を十騎と並べて乗る所」ではないという戦場の地理的条件に起因することは第二章で述べた。

右備の土屋・穴山・一条隊は、織田軍佐久間信盛の陣前の柵を二重まで破ったが、数に勝る織田軍が優勢であった。三重の柵を突破することは「城責めのごとく」であり、大将たちはそれに阻まれ、銃弾に当たって討死した。

また勝頼記には次のようにある。馬場隊が佐久間隊を柵の内まで追いこみ、内藤隊が同様に滝川一益隊を柵の内に追いこんだ。また山県隊三百は、徳川軍六千を柵の内に追いこんだものの、徳川軍は「強敵《ごうてき》」であったため、ふたたび出撃してきた。そこで昌景は、徳川軍が柵を構えていない左側（南）から回りこんで柵内に入ろうとした。ところがこれを悟った大久保忠世・忠佐兄弟が、昌景の与力である小菅・広瀬・三科らと戦って撃退した。この大久保兄弟と昌景与力らの激突は『松平記』にも記されていた。

いっぽう上方衆《かみがたしゅう》（織田軍）は、徳川軍と違い柵の外に出なかったため、真田隊が突入して柵を一重まで破ったものの、そこで真田信綱・昌輝兄弟は討死した。織田軍が柵から出なかったというのは、徳川方の史料に共通する。

⑥鉄砲への言及

『甲陽軍鑑』では、意外なほど鉄砲への言及が少ない。四悪将に、柵が三重に構えられ城攻めのようだったため、大将たちは銃弾に当たり討死したという記述、勝頼記に、山県昌景が銃弾に当たり討死したという記述が確認できる程度である。

以上『甲陽軍鑑』の長篠合戦記事を整理して気づくのは、織田・徳川軍の人数をかなり多めに記していることだ。数に劣るゆえの負けであることを強調するためか、あるいは当時武田方は相手の軍勢をその規模と判断していたのか。ただし『三河物語』でも十万としているので共通している。兵力の差と柵が敗因であるという考えがはっきりしているので、鉄砲による損害はさほど強調されない。

いま一点は、徳川軍の奮戦に対し、織田軍は、とくに佐久間隊・滝川隊が攻めこまれたとしていること。『権現様御一代記』にも似たような記事があった。この点について、小幡景憲が関与しているとおぼしきもうひとつの史料をみておきたい。

『参河国長篠合戦絵図』の合戦記事

東北大学附属図書館の狩野《かのう》文庫に、小幡景憲の家臣であった杉山盛政《すぎやまもりまさ》の家に伝来されていた史料群が収められている。盛政の子公憲《きみのり》が景憲の兵学を継承し、杉山家は江戸時代には桑《くわ》名藩《な》松平家の兵法師家であった（有馬成甫「甲陽軍鑑と甲州流兵法」・石岡久夫『兵法者の生活』）。

杉山家の関係史料のなかに、城絵図や合戦図も多く含まれている。城や戦場の現地踏査をもとに作成され、兵学の講義に用いられたものと思われる（高橋修『『甲陽軍鑑』と山本勘助』）。そのなかに長篠合戦の絵図も複数ある。ここで取りあげるのは『参河国《みかわのくに》長篠合戦絵図』と題されたもので、絵図を収めた袋に公憲の曽孫憲長《のりなが》の署名がある。

ここで注目したいのは、絵図そのものではなく、そこに書きこまれた文章である（この絵図に関する研究として、小口康仁「成瀬家本「長篠合戦図屏風」における図様形成の一考察」がある）。そこには、有海原の戦場の、南から正楽寺《しょうらくじ》前（十八度）・竹広《たけひろ》（十九度）・柳田《やなぎだ》（六度）・大宮《おおみや》（九度）における戦闘の概況が記されている。括弧内の度数は戦闘の数だと思われるが、何をもって一度と数えるのかはわからない。その他長篠城内（二度）・鳶巣山（四度）の記事もある。

これには付記がある。天正十年（一五八二）の武田氏滅亡・本能寺の変後、甲斐に入国した家康が、武田氏旧臣の広瀬郷左衛門・三科肥前守《ひぜんのかみ》両人を召し出し、それぞれ二百貫の地を与えて召し抱えた。このとき家康は、二人に酒井忠次、石川数正、大久保忠世・忠佐兄弟を引き合わせ、長篠合戦での敵味方の様子を知りたいという意思を示した。そこで小幡景憲が、広瀬以下合戦に参じた衆に尋ね、自身も戦場に赴いて検分して作成したのがこの絵図だ、というのである。

武田氏滅亡後、徳川氏に召し抱えられた旧臣が多くいた。広瀬・三科もそのなかに含まれる。すでに触れているように、長篠合戦では、二人は山県昌景の与力として大久保兄弟と戦っている。合戦から七年後（あるいはそのもう少しあと）、かつての敵同士がおなじ家中の傍《ほう》輩《ばい》となり、長篠合戦をめぐる昔話を交わした。小幡景憲は実際戦場に検分に赴き絵図を制作した。

絵図中にさらにもう一箇所別に記事がある。そこでは、馬場信春隊が佐久間信盛隊を追い崩し、信盛の陣があった「塚」に旗を立てたという記述につづけて、この信春の働きは敵味方関係なく大いに賞されたとある。大坂夏の陣の直後、信長の二男織田常真《おだじょうしん》（信雄《のぶかつ》）が、横田尹松《よこたただとし》・初鹿野昌久《はじかのまさひさ》・米倉信継《よねくらのぶつぐ》らを前にして、「右の働きを信長も山から目にして、信春を大いに褒めていた、今の世にも唐《から》にも、あのように軍勢を操る者はいないとおっしゃっていた」と語った。小幡景憲はその場の末座におり、この話を耳にしたというのである。

信雄はたしかに、父信長・兄信忠とともに長篠合戦に参陣している（『奈良大学文学部史学科所蔵文書』）。いっぽう横田以下の三人もまた武田氏旧臣である。横田尹松の父康景《やすかげ》と米倉信継の父宗継《むねつぐ》は長篠にて討死し（『寛永諸家系図伝』）、初鹿野昌久は、合戦のとき、敗走する勝頼に最後まで付き従った人物である（『甲陽軍鑑』）。こうした長篠合戦に強い関わりのある人物のあいだで、合戦の昔話が語られ、小幡景憲はそれを聞いたことを記す。

もちろん右のふたつの挿話を裏づける一次史料はないから、景憲の話（さらに疑えば甲州流兵法伝授のなかで生成された話）として受け入れるほかないのであるが、こうした敵味方の後世における合戦回顧の現場に景憲が居合わせたという存在証明を添えることにより、絵図の信頼性を高めようとしているのだろうか。

このなかでは、武田軍の将たる馬場信春の武功が高く評価され、逆に佐久間信盛がその引き立て役になっている。くりかえしになるが、佐久間隊が劣勢だったことは、『甲陽軍鑑』と『権現様御一代記』にみえていた。

織田・徳川軍が連合して戦ったいくさとして、ほかに姉川合戦がある。このいくさを語る史料でも、織田軍が劣勢に立っていたところを徳川軍が助けたという話が記されている（『松平記』『三河物語』）。〝徳川の世〟になってから、徳川軍の働きを良くみせようとしてのものなのか、実際にそうだったのか、たしかめようがない。

合戦譚《かっせんたん》の変容

ここまで紹介してきた同時代に近い人びとによる語りは、江戸時代が下るにつれてどのように変化してゆくのだろうか。江戸時代前期（十七世紀半ば頃）から中後期（十八世紀頃）にかけて成立した、長篠合戦について言及がある、もしくは長篠合戦を語る記録（軍記物語）を表2として示した。

表2　長篠合戦関係近世記録

	史料名	著者・成立年（その参考となる情報）	所蔵
A	甫庵信長記	小瀬甫庵・寛永元年（1624）	多数
B	増補信長記	松平忠房・寛文2年（1662）	島原図書館松平文庫他
C	御当家紀年録	榊原忠次・寛文4年（1664）	旧高田藩和親会
D	家忠日記増補追加	松平忠冬・寛文5年（1665）	多数
E	武徳大成記	林信篤ら・貞享3年（1686）	国立公文書館内閣文庫
F	創業記考異	酒井忠挙説、松平忠明著・徳川光貞補説（17世紀か）	国立国会図書館他
G	戸田本三河記	（17世紀後半頃か）	国立公文書館内閣文庫
H	御庫本三河記	（17世紀後半頃か）	国立公文書館内閣文庫
I	総見記	遠山信春・元禄15年（1702）	多数
J	四戦紀聞（参州長篠戦記）	根岸直利・宝永2年（1705）	多数
K	長篠軍記（長篠軍談記）	小野田小三郎・享保16年（1731）	個人蔵
L	長篠日記	明和年間（1764－72）	個人蔵
M	柏崎物語	能勢市兵衛／三橋成方・寛政5年（1793）序文	国立公文書館内閣文庫
N	参州長篠戦記	（成立年未詳）	国立公文書館内閣文庫
O	長篠軍記	（成立年未詳）	国立公文書館内閣文庫

表2に示した記録の内容自体は大同小異なので、一点一点をこれまでのように紹介することはしない。AからJまでを大きくふたつに分類し、それぞれで重要な史料（灰色で示したもの）を中心に、また、他の史料にみえない記事があればその点に言及することにする。

分類というのは、〈信長記系〉と〈徳川創業史系〉である。

前者は、太田牛一の『信長記』をもとに物語化させていったものであり、A・B・D・Iが該当する。『甫庵信長記』が『信長記』の内容を流布させる大きな役割を果たし、『増補信長記』を経て、江戸中期の『総見記』（『織田軍記』とも）が到達点となる。『増補信長記』を編述したのは、鳶巣山砦攻めのおり討死した松平伊忠の曽孫忠房《ただふさ》であり、『総見記』を編述したのは、幕府旗本の遠山信春《とおやまのぶはる》（小林正甫《こばやしせいほ》）である（井上泰至『サムライの書斎』・同「戦国合戦図屏風と軍記・合戦図」）。

なおD『家忠日記増補追加』は、おなじく伊忠の玄孫（伊忠嫡男家忠の三男忠一《ただかず》の孫）忠冬《ただふゆ》が編述したもので、編者からすれば〈徳川創業史系〉のようだが、長篠合戦の記事だけをみれば〈信長記系〉に近いのでこちらに含めた。

後者は、幕府が全国支配の正統性を主張するため、徳川氏の出自や代々の事蹟を編述した史書の一群である（平野仁也『江戸幕府の歴史編纂事業と創業史』）。これらは、徳川氏に仕える各家や大名個々が編述したもの（C・Fなど）もあれば、幕府が公的に編んだもの（E）、幕臣が編んで将軍に献上したもの（J）など成立経緯が異なる史料が混在する。

このうち重要なのは、五代将軍徳川綱吉《つなよし》の命によって編纂事業がおこなわれた、「幕府創業の正史」「江戸幕府が初めて編纂した創業に関する歴史書」とされるE『武徳大成記』であり、旗本根岸直利《ねぎしなおとし》・木村高敦《きむらたかあつ》父子が編んだJ『四戦紀聞（参州長篠戦記）』である。

Jは、徳川氏の創業にとって重要ないくさとみなされた姉川合戦・三方原合戦・長篠合戦・長久手《ながくて》合戦を「四戦」とまとめて全体を『四戦紀聞』と題し、四つのいくさそれぞれを一冊に編述したもので、いくさ語りの軍書と、創業史としての歴史書の交点に位置する作品、「徳川の家と三河以来の譜代の家臣たちの覇権を根拠づける重要な〈徳川のロア〉」と評される（黒田智「「四戦」という徳川のロア」）。ロア（lore）とは、集合的知識や言い伝えを意味する。

〈信長記系〉と〈徳川創業史系〉、乱暴にまとめれば、信長を軸とした記録と、家康を軸とした記録となる。便宜的にふたつに分類はしたが、もちろん相互に無関係ではない。それぞれ互いに参照しながら編述されている。

〈信長記系〉における変容

先に述べたように、A『甫庵信長記』は、同時代に生きた小瀬甫庵による編述だから、これ以降に成立した史料と一緒にすべきではないのかもしれない。ただ、第一章で触れたように、『信長記』をふくらませ、とりわけ鉄砲戦術の部分で「三千挺を入替《いれかわり》々々打《うた》せければ」

と、〃三段撃ち〃の像を確立するもとになったという意味で、こちらで触れることにした。

ここで鉄砲の話が出たついでに、〈信長記系〉の記録のなかで、鉄砲（戦術）がどのように言及されているのかをまずみておこう。

B『増補信長記』では、信長と家康が話し合い、諸手から三千挺の鉄砲（兵）を選び、佐々成政以下五人に添え、「敵合遠くは鉄炮《てっぽう》放すへからす、間近く寄《より》て放すへし、三分一交々《こもごも》玉薬《たまぐすり》を込《こむ》へし、敵馬を入れ来て、強く戦《たたかい》て柵を破るとも、備《そなえ》を堅《かと》うして兵を出す事なかれ、鉄炮を以《もって》打崩すへし」（原文は漢字片仮名交じり）と命じたとある。「三分の一」、つまり千挺ずつかわるがわる玉を込めよ、というのである。柵外へ出ることも禁じている。

I『総見記』では、鉄砲兵を指揮する奉行として、ここまで登場していた五人に、丹羽氏《にわうじ》次《つぐ》・徳山則秀《とくのやまのりひで》がくわわって七人となり、「当方より先鉄炮を打《うち》かけて、敵すゝみ来るとも、一度に放す《（放さず）》、千挺づゝ三かはりにして、敵をねらひ、間近く引《ひき》つけ放すべし、むだ打《うち》に打《うつ》べからず」（原文は漢字片仮名交じり）とある。ここで〃三千挺三段撃ち〃がより鮮明に像をむすぶ。

次に鳶巣山砦の攻撃について、Aでは酒井忠次が信長に献策したとする。ただし忠次がこれを信長に献策したとき、家康の考えとして伝えている。

ところがBでは様相を異にする。忠次が信長に献策したのはおなじだが、これを聞いた信長が激怒したというのである。信長は、面前から去った忠次をあとからまたひそかに召し寄せ、その策はもっともであるが、多くの衆が知ることをおそれ、あえて怒ったのだと弁明し、攻撃を命じる。献策に対し偽って怒るという挿話がここで登場する。

Ｉになると、忠次が信長に献策し、信長がこれを怒るまではおなじである。その後信長は家康と忠次を呼び寄せる。そして、この策はもっともであるが、軍評定《いくさひょうじょう》には多くの人がいて、武田方に内通している者も交じっているかもしれず、敵に漏れるおそれがある。だからわざと怒って策を斥けたのだと弁明した。怒った理由として、内通者により敵に策が漏れることをおそれるという具体的な内容がくわえられている。また、出立のさい、信長は忠次に「秘蔵の忍轡《しのびぐつわ》」を授けたという。これは次章でまた触れることにする。

信長が忠次の献策を偽って怒るという挿話は、『信長記』以降、江戸初期に成立した諸記録には確認できない。〈信長記系〉の記録のなかでは、寛文二年（一六六二）に成立した『増補信長記』にそれが登場することには注意しておきたい（井上泰至「戦国合戦図屏風と軍記・合戦図」）。

さて、Ａでそのほか特徴的な記事を挙げると、織田・徳川軍は「十五段」（十五の部隊）に備えたとあることや、信長が家臣の河尻秀隆に自分の兜を授けて一緒に信忠の陣へ赴き、自身が信忠のところにまた来られなくなったら、秀隆の指図に従うように指示したこと、そして信長自身が五人の者を従え、柵から十町ばかり（約一・一キロ）進み、武田軍の陣中に「大鉄炮」を打ちかけていくさの火蓋《ひぶた》を切ったことなどがある。

そうして突撃してきた武田軍に対し、鉄砲を浴びせかけ、多くを討ち取ったことが記される。「(武田軍は)荒手《あらて》を入替《いれかわり》々々懸来《かけきた》れとも、味方の勢《ぜい》は終《ついに》一備も不入替《いれかわらず》、唯《ただ》弓鉄炮の先勢のみ汗水に成《なり》て、数千騎をは砕きけれ」とする。徳川方としては、石川数正・本多忠勝・鳥居元忠《とりいもとただ》・平岩親吉《ひらいわちかよし》らの奮闘、渡辺守綱・小栗忠政と、武田方名和無理介《なわむりのすけ》との激突が語られる。この面々の名は、Bも踏襲している。

Iでは、いくさの描写がさらに詳しく語られる。鳶巣山砦攻撃の場面は次章で触れることにして、ここでは有海原をみていこう。両軍の布陣地として、柳田・竹広・正楽寺・清井田といった具体的な地名を出して語られるようになる。また「一説」として、信長は佐久間信盛に偽って武田方に内通させ、勝頼が急ぎ出陣してくるように画策したという挿話を紹介している。また、このいくさに参加していないはずの明智光秀の名もみえる。

〈徳川創業史系〉における変容

次に、〈徳川創業史系〉において、いくさの描写がどのようになされているのか、いまみてきた〈信長記系〉の内容にも注意しながら確認してゆこう。

幕府の正史として重視されるE『武徳大成記』では、鳶巣山砦の攻撃を酒井忠次の献策とし、家康がそれを信長に告げたところ、信長が偽って怒ったことを記し、それが敵への情報漏洩《ろうえい》をおそれてのものだとする。情報漏洩をおそれるという具体的理由はIに先行する。

また「一説」として、信長が五月十九日に敵情を偵察させようとしたところ、武田軍の警戒が厳しく、十分にたしかめられなかったが、その前日に間諜《かんちょう》（忍びの偵察）を派遣した忠次が、武田軍の兵は意外に少ないので合戦の勝利は疑いなしと信長に報告し、それを喜んだ信長は忠次を賞したという挿話が紹介されている。

有海原では、信長が岐阜を出立するとき柵の木一本と縄一束を持たせたとある。これは前章でも触れたように、馬防柵を勝利の一因と知る立場からの作為かもしれない。鉄砲戦術については、「敵来《くる》とも妄《みだり》に発《うつ》ことなかれ、敵を五歩十歩に引着《ひきつけ》、一斉に千銃を発て、発ち畢《おわり》て又千銃を発て」（原文は漢字片仮名交じり）と信長が命じたという。I『総見記』に先んじて、千挺ずつの交替射撃の像ができあがっている。

柵については、割注《わりちゅう》の部分において、徳川軍の前には三十歩に一箇所口を開け、おなじく縦にも柵を構えたとある。縦の柵は『権現様御一代記』に登場していた。Eでは柵が三重であることは「一説」として紹介されている。三重であることはすでに『甲陽軍鑑』に書かれており、ここには武田軍が二の柵まで破ってきたとあることから、『甲陽軍鑑』を参照していることをうかがわせる。

またEでは、鳶巣山砦攻撃の様子や、そこで討死した松平伊忠の働きについても詳細な記事がある。これについてもあらためて次章で触れたい。

さて次にJ『四戦紀聞』である。ここでの鳶巣山砦攻撃の献策話は、Eで「一説」とされていた忠次褒賞の話が取り入れられ、先にそれを配して、忠次が信長に賞されたあと、鳶巣山砦への攻撃が献策され、信長が偽って酒井忠次を怒るという一連の流れとして叙述されるに至る。忠次は「瓢簞板《ひょうたんいた》の忍《しの》び轡《ぐつわ》」（原文は漢字片仮名交じり）を信長から賜ったとあって、これは〈信長記系〉のⅠに通じる。

また攻撃にあたり忠次は、兵を三手に分けたとある。これが十九世紀に酒井氏が編んだ忠次の伝『一智公御世紀《いっちこうごせいき》』（一智は忠次の法号）になると、三千の兵を三手に分け、千人ずつ入れ替わって攻撃したという、まるで鉄砲の〝三千挺三段撃ち〟の焼き直しのような話に変容する。さらにＪでは、忠次の事蹟にくわえ、戸田重元の一番槍、本多康重《ほんだやすしげ》（本多広孝の子）の負傷、松井忠次家臣の岡田元次《おかだもとつぐ》・尾崎定正《おざきさだまさ》（半平《はんべい》）の手柄、牧野正勝《まきのまさかつ》が敵の紋幕を分捕った手柄、奥平定能・信昌父子の挿話など、鳶巣山砦攻めにくわわった東三河衆の挙げた武功が語られる。

有海原における信長による鉄砲戦術の場面では、丹羽氏次・徳山則秀を監軍《かんぐん》（軍隊を監察する役目）とし、佐々成政以下五人に、諸備から選び出した「火炮の卒三千人」の指揮をさせ、「柵の外に賦《ふ》し、敵蒐《あつま》るとも、其間一町迄《まで》は火砲を放つことなかれ、間近く引付け、千挺宛立替《たちかわり》々々発すべし」と命じた。千挺ずつの交替射撃である。

徳川軍の働きについては、家康は大久保忠世に三百人の「鉄砲に巧《たくみ》なる者」を従えさせ、柴田康忠《しばたやすただ》らを付けた。彼らは下馬して、手勢とともに柵の外十町ばかり進んで敵を待ったとある。

いっぽう武田軍の山県昌景隊は、大久保隊の攻撃を受け、たまりかねて柵が構えられていない川路《かわじ》連子橋《れんごばし》（連吾川の豊川合流点に近い下流のあたりか）を迂回し、横から徳川軍を攻めようとしたものの、岩場であったために断念して竹広方面に移ったという。山県隊の迂回攻撃は『甲陽軍鑑』にあった。また連吾川下流が断崖になっていて渡ることがむずかしいのは前章で述べたとおりである。

さらにJでは、佐久間信盛隊・滝川一益隊の劣勢についての記事もある。

両隊が勝ちに乗じて柵外へ出て、「勃然《ぼつぜん》と控へたる」様子をみた家康が、まだ油断は禁物だとして、両隊に兵を引くよう勧める使者を遣わした。しかし両隊はこれに耳を貸さなかったため、家康は信長に伝え、信長も両隊の突出を制止しようとした。そこに武田方の馬場信春隊が佐久間隊を攻撃し、佐久間隊が馬標を立てていた「丸山《まるやま》」を奪った。これは『参河国長篠合戦絵図』に載る挿話に共通する。いっぽうで滝川隊は武田方内藤昌秀隊に攻撃され、柵の内に追い入れられ、柵一重まで破られた。しかし内藤隊は「僅《わず》かの畦道《あぜみち》」によって前進を断念し、兵を引いたという。

右の記事では、徳川軍が劣勢となった佐久間隊・滝川隊を助けたというのではなく、家康が突出を注意したというかたちに話が変わっている。

またそのあとには、本多重次《しげつぐ》、榊原康政《やすまさ》隊および大須賀康高隊、康政の家臣である渥美勝《あつみかつ》吉《よし》、本多忠勝の与力（家康の命で忠勝に付属していた徳川方の武士）である原田《はらだ》矢之助（弥之助）・梶正道《かじまさみち》・多門《たもん》伝十郎・蜂須賀《はちすか》彦助らの武功が記されている。織田・徳川軍が討ち取った武田方の首級は一万三千、このうち半分以上の七千が徳川軍によるものとしている。いっぽうで織田・徳川軍の損害は討死・負傷合わせて六千人とする。

長篠合戦は鉄砲戦なのか

以上本章では、長篠合戦を知るうえで最重要の史料である『信長記』を手はじめに、近い時期に成立した史料、また同時代人が少しあとになってから記した史料について、織田氏・徳川氏・武田氏それぞれの立場のものをみてきた。さらに、長篠合戦の話が変容してゆく過程を知るため、江戸時代の十七世紀半ばから十八世紀にかけて成立した軍記・記録を大雑把ながら確認した。

これらの史料をたどりながらわかってきたのは、時代が下るにつれ、柵の構え方の描写の具体性（長さや何重かといった構造、縦横などの設置形態など）、鉄砲戦術の具体性（三千挺を千挺ずつ代わる代わる撃つという交替射撃）、織田方佐久間隊・滝川隊の劣勢に対する徳川軍の対応、鳶巣山砦攻撃のさいの酒井忠次の献策とこれを受けた信長の対応についての描写が足され、ふくらんでくるということであろうか。これらはもとより予想できたことではあるが、史料にもとづいて具体的に確認した。

鉄砲をめぐる記述に注目してこれらの史料を読むと、たしかに、突撃してくる武田軍を柵の内側から待ち構えて撃退したことや、鉄砲を携えた部隊が前進して敵をねらったことなどを特記するものがある反面で、早く成立した史料のなかには、鉄砲についてまったく触れていないものすらある。

いくさから時を隔てるにつれ、三千挺の鉄砲を千挺ずつ交替で撃たせたという記述が主流になってくるものの、同時代の人びとにとっては、鉄砲を効果的に用いるために自軍を備えることはいくさの勝利のために不可欠であり、ことさら長篠合戦が特別という感覚がなかったのではあるまいか。この考え方を、本章のタイトルのように「鉄砲戦の幻影」と表現してしまうと誤解を与えかねないけれども、長篠合戦すなわち鉄砲という連想は、のちの世の人びとによって作られ、近代に至って大きく流布したように思われる。

ここまで史料を通覧してきて印象づけられるのは、鉄砲よりもむしろ柵（馬防柵）である。柵を構えて、原則的にその外に出ない。柵まで敵の武田軍を引きつけるために足軽隊を敵の前まで近づける。それを追って敵兵が近づいてきたとき、柵の内側から鉄砲を放つ。勝頼が書状のなかで、織田・徳川軍は「陣城」の内側に籠もっていたとし、『甲陽軍鑑』が城攻めのようだったと語る。柵があってこそ鉄砲が生きた。戦国合戦のなかでもめずらしい大規模な野戦であるにもかかわらず、城攻めのようないくさでもあったらしいことが、長篠合戦の大きな特徴である。

こうした戦い方になったのは、ここで兵を一人として失いたくないという信長の防御的思考によった。城攻めのさい、城にいる守備側が鉄砲を放って防御するということは当時のいくさではよくあったことだろう。その意味で長篠合戦も変わらない。それが野戦における戦術であったこと、挺数が多かったことが、他との違いといえるだろうか。

長篠合戦の一年前、武田軍が遠江高天神城を攻めたとき、城を守る小笠原氏は「横矢弓鉄炮厳《きびし》く打立《うちたて》射立《いたて》けり」（『遠州高天神記』、原文は漢字片仮名交じり）と、これを撃退しようとした。

また、長篠合戦からほぼ一年後の天正四年（一五七六）五月、信長は大坂本願寺を攻撃する。周知のように本願寺は、のちに豊臣秀吉が大坂城を築城する地に営まれていた。数にまさる一万五千の大軍で寺に籠もった宗徒に対し、織田軍はわずか三千の兵で攻撃を仕掛けた。そして宗徒たちは、数千挺の鉄砲を「降雨のごと」く放ち織田軍を撃退しようとした。信長は足に銃弾を受け負傷したほどであった（『信長記』）。まるで長篠合戦の陰画である。

こうした高天神城や本願寺の守備が、長篠合戦に影響を与えたり、長篠合戦から影響を受けたりしたわけでもなかろう。つい一年前に長篠合戦で逆の立場で勝利した信長ですら、おなじように無理な城攻めを敢行し、鉄砲を激しく浴びせかけられたのである。

本章で取りあげた史料の傾向について、もうひとつ指摘するとすれば、時代が下るごとに、いくさに参加した個々の部将の挿話が付けくわわってゆくことである。酒井忠次はその代表であろうし、鳶巣山や有海原で戦った部将たちそれぞれの武功もまた同様である。

こうした武功は、江戸時代前期の寛永年間（一六二四－四四）に編纂がなされた系図集『寛永諸家系図伝』の記事や、その後天和《てんな》三年（一六八三）から翌年貞享《じょうきょう》元年にかけ、幕府が大名・旗本諸家に対して徳川氏に関係する書物・文書類の提出を命じ、差し出されたものをまとめた「貞享書上」（『譜牒余録』）など、江戸幕府による歴史編纂事業の過程で幕府に集積された情報が利用されたものと思われる（平野仁也『江戸幕府の歴史編纂事業と創業史』）。

幕府の開祖である徳川家康本人の事蹟のまわりに、江戸幕府を構成する諸大名・旗本の、換言すれば、戦国大名徳川氏に仕えていた家臣たちの武功が付加されながら、それらが総体となって、歴史の大きな流れをかたちづくった。

長篠合戦についても同様に、もともとあった合戦の歴史叙述（『信長記』や『松平記』『三河物語』など）を核に、参加した部将それぞれの子孫たちが作成した父祖たちの功績（もちろんそれらすべてが事実かどうかはわからない）が寄せられ、最終的に、徳川氏が全国統治をおこなう正統性を持つことを証明するために取りこまれ、物語として再構成される。

そこで次に、そうしたそれぞれの家のなかで成立してきた個別の史料をみてゆきたい。とくに注目するのは、長篠合戦の勝利に大きく貢献したふたつの家、酒井氏と奥平氏である。

このふたつの家のなかで生成された長篠合戦に関わる史料・言説を中心に検討し、最後に、これら文字で記された長篠合戦の様子が絵画として描かれ、合戦を知ろうとする者に対しより具体的な歴史像が提供されてゆく過程を、「長篠合戦図屛風」に注目することで考えてみたい。

第四章　彩られるいくさの記憶
――ひろまる長篠合戦

1　酒井忠次と鳶巣山砦攻撃

鳶巣山砦攻撃の発案者

長篠合戦における鳶《とびの》巣山《すやま》砦攻撃の総大将・酒井忠次は、大永七年（一五二七）、三河に生まれた。『信長記』の作者太田牛一と同年である。長篠合戦当時四十九歳。碓井姫《うすいひめ》と称される妻室は、徳川家康のおば（父広忠の女きょうだい）にあたる。十五歳年少の家康に従い、永禄七年（一五六四）に東三河の統括を命じられ、翌八年には吉田城を与えられた。軍事的にも東三河の徳川家臣たちを配下に置くことになる。天正十六年（一五八八）に隠居し、慶長元年（一五九六）、七十歳で没した（『国史大辞典』・本多隆成『定本徳川家康』）。

嫡男家次《いえつぐ》は、下総碓井《しもうさうすい》・上野高崎《たかさき》を経て越後高田《たかだ》城主となり、嫡孫忠勝《ただかつ》のときに信濃松代《まつしろ》を経て出羽鶴岡《でわつるおか》に移った（『寛政重修諸家譜』）。酒井氏の庄内藩《しょうない》（鶴岡藩）は幕末まで存続し、家（藩）に伝来した史料の多くが、いま山形県鶴岡市の公益財団法人致道《ちどう》博物館に伝わっている。

本書のここまでの叙述のなかで、長篠合戦の口火を切った鳶巣山砦攻めについて、作戦の発案者に注意してきた。この問題については、すでに谷口央《ひさし》の論考がある（谷口「近世社会の中の長篠の戦い」）。

谷口は、『信長記』は信長を、『甫庵信長記』は家康を発案者としていると指摘する。しかし前章で触れたように、『甫庵信長記』は酒井忠次を発案者としているようにも読める。家康は、武田軍が寒狭川を越えて布陣した様子をみて、味方の勝利を確信して喜んだとされるにとどまる。家康を発案者とみなすには、それで喜んだ家康が策を立て、忠次に対し信長に提案するよう指示するといった記述が足りない。また谷口は、『松平記』では発案者が誰かはわからないことを確認し、江戸時代初期（慶長年間頃）に成立した史料では、発案者の情報が錯綜《さくそう》していたとする。

谷口は、『甫庵信長記』での発案者を家康と考えたこともあり、『三河物語』において、一見忠次を発案者として語られることについても、献策の記事が唐突であり、これは家康が武田軍の布陣をみて発案した場面を略してしまっているからだと指摘する。こうして発案者と信長に対する献策者を別に考える谷口の指摘を一概に否定はできないが、素直に読めば、

『甫庵信長記』『三河物語』とも、発案者（信長への献策者）は忠次でもいいように思われる。

谷口が、忠次を発案者とする史料の最初とするのが、『寛永諸家系図伝』の忠次伝である。これは、徳川家臣（三河譜代）の活躍のみを切り抜いて記載した結果、発案者を忠次とすることになったとし、「鳶巣砦攻撃に対する酒井忠次の位置づけの上昇」をみている。〝徳川の世〟になっている寛永年間（一六二四－四四）、自分たちの暮らす社会を創りあげた家康の事蹟を顕彰することと、そのために働いた自家の父祖の勲功を強調することのせめぎ合いのなかで、酒井氏は後者の優位を選択したことになる。

わたしとしては、『甫庵信長記』『三河物語』における献策者を忠次とする解釈は捨てがたく、容易に結論は出せないものの、なお谷口の議論の妥当性には検討が必要であると考えている。

『寛永諸家系図伝』の献策場面

ただし、鳶巣山砦攻撃を語る史料のなかで、『寛永諸家系図伝』がある種の画期となるとみた谷口の炯眼《けいがん》は受け継ぎたい視点である。ここであらためて忠次伝の献策場面を原文でみてみよう（鉤《かぎ》括弧と句読点は金子が補った）。

忠次申《もうし》ていはく、「なを計略あるへきは此《この》ときなり。今夜勝頼が陣の後《うしろ》をさへきりて、鳶巣山に趣き、敵陣をせむるならば、長篠城中の兵は力を得て、勝頼が士卒は気をうしなふべし」。大権現きこしめされて、「しからば信長に其《その》むねをしめしあはせよ」とて、則《すなわち》忠次を信長へつかはして、はかりことのおもむきを申けれは、信長大《おおき》にいかりて、「忠次むかしは智謀ありときゝしに、いま汝《なんじ》何とておろかなるや。鳶巣をとりて、なにの益かあらん」と。忠次赤面してしりぞく。其後信長、忠次を閑所にちかづけて、ひそかにのたまひけるは、「鳶巣をとるはかりこと、尤《もっとも》理にあたれり。しかれとも、はかりこと他にもるゝ時は、かへつて敵のためにはからる。こゝを以て最前はいつはつていかりき。しからはたれをつかはしてこれをとらしめんや」。

武田軍が前進してきたことに、家康が、かねて謀っていたとおりになった、このいくさはかならず勝利するだろうと喜んだが、忠次は「なお計略をおこなうのはいまです」と家康に献策し、家康は忠次を信長のもとに遣わした。その後は、忠次による信長への献策、信長の偽りの怒り、理由の告白の記事があり、それを受けて忠次は自らが先頭に立ち鳶巣山へ向かうことを申し出、信長も喜んで忠次に織田方の検使を添えた軍勢を派遣することになった。

忠次の献策を信長が偽って怒ったこと、その理由は敵にその策が漏れるのをおそれたことがこのなかに書かれている。前章において、信長が偽って怒るのは、寛文年間(一六六一―七三)に成立した『増補信長記』が早く、理由が情報漏洩をおそれたことにあった点は、その後貞享年間（一六八四—八八）に成立した『武徳大成記』が早いことを指摘した。これらの情報源が、右の『寛永諸家系図伝』であったことがわかる。

寛永二十年（一六四三）に成立した『寛永諸家系図伝』の編纂時、酒井氏が提出した系図（これを呈譜《ていふ》という）に、この話がすでに記されており、幕府としてそれを公式に採用し、『増補信長記』や『武徳大成記』によって広まったという流れが想定できる。偽って信長が怒ったという話は酒井氏が出所であり、その後の経緯も含め、それが「歴史」として定着したわけである。

『寛永諸家系図伝』忠次伝の鳶巣山砦攻撃

右の挿話が事実かどうかは不明といわざるをえない。献策者が忠次（もしくは家康）であることは、『甫庵信長記』や『三河物語』が伝えていた。そのときに起こったかもしれないできごとが、当事者の子孫によって書き記されて幕府に提出され、幕府はそれを虚説とみなさず、忠次の伝として採用したという事実があるのみだ。信長がひそかに忠次を呼んで真の理由を話したとすれば、信長以外忠次しか知らないはずのことである。

享保《きょうほう》・元文《げんぶん》年間（一七一六—四一）頃の浪人・柏崎《かしわざき》三郎右衛門の話を記録した『柏崎物語』（寛政五年〔一七九三〕加藤正脩《かとうまさのぶ》序）という史料に、当時小姓として信長の側に仕えていた細川忠興《ほそかわただおき》（長岡藤孝の子）が、信長の忠次に対する理由説明の会話を耳にした（だから伝わっている)、というまことしやかな裏話が記されている。ちなみに細川家の家譜『綿考輯《めんこうしゅう》録《ろく》』をみると、忠興が長篠合戦に従軍していたとは記されていない。よってこれまた事実かどうかはわからないものの、このようにして、長篠合戦をめぐる話は彩られてゆくことになる。

このときの忠次の働きについて、『寛永諸家系図伝』忠次伝をもう少しみてゆこう。

信長は、忠次に検使として金森長近・佐藤秀方・青山新七・加藤市左衛門を添え、忠次・家次父子は徳川方の陣所に戻らずそのまま鳶巣山へ向け出立した。検使の面々は『信長記』にも登場する。

家康はこれを受けて、本多広孝・松井忠次・牧野康成《まきのやすなり》(三河牛久保城主)・菅沼定盈《さだみつ》・本多忠次《ただつぐ》(同伊奈《いな》城主)・西郷家員《さいごういえかず》(同五本松《ごほんまつ》城主)の六将を加勢として遣わした。兵数は三千余とある。東三河衆中心の編制は家康によることになる。彼らは奥平《おくだいら》氏一族の奥平監物《けんもつ》・名倉《なぐら》喜八郎(奥平信光《のぶみつ》)を案内者として鳶巣山へおもむき、二十一日の「あかつき」に攻撃を開始した。

このときの功により、戦後忠次は信長から薙刀《なぎなた》を賜ったという。ただしこれはのちに家康が忠次邸に来訪したときに進上された。

実は忠次は、鳶巣山砦攻撃とは別の局面でも、長篠合戦に重要な貢献をしている。

忠次の二男康俊《やすとし》は天正三年(一五七五)に七歳であったが、このとき家康の命で岐阜の信長のもとへ人質として送られた（『寛永諸家系図伝』本多康俊伝）。幕末の嘉永二年（一八四九）から同七年にかけ庄内藩が編んだ忠次の伝『一智公御世紀』は、これを五月十六日に信長が牛久保城に入ったときのこととし、康俊だけでなく、「近地の諸将の人質」も取ったとある。

第二章で述べたように、長篠合戦直前、織田氏と徳川氏の同盟関係が揺らいでいたことは、このことからも裏づけられる。つまり、信長が東三河衆、ひいては徳川氏の離反を警戒していると家康が考えていたことになる。康俊のほかにこのとき人質となった人物は史料上確認できないが、人質徴集を五月十六日のこととする『一智公御世紀』の記事を信じるなら、また、この人質が信長の意思に出るものなら、この時点において、武田氏とのいくさの帰趨《きすう》がどうなるか、信長にはまだみえていなかったことにもなる。

『寛永諸家系図伝』の康俊伝に戻れば、家康が援軍を信長に要請したとき、信長は康俊が人質となっていたためにこれを受諾したとある。この話も康俊伝以外には確認できず、事実かどうかはたしかめがたい。鳶巣山砦の攻撃にせよ、二男康俊の人質にせよ、忠次が長篠合戦に大きく貢献したことを酒井家（康俊はのち本多忠次の養子になるため本多家も含め）は強調しているのである。

結局、鳶巣山砦攻めは誰が発案したのだろうか。『信長記』の記事は、信長が最終的に採用してこれを命じたと解釈することも可能である。やはり地元の地理（有海原から南を迂回して鳶巣山の背後に行くことができること）を知る酒井忠次の可能性が高いのではあるまいか。

庄内藩における忠次顕彰と証拠品

庄内藩には、『御系譜参考』と題される、家譜に詳細な考証がくわえられた史書が伝わっている。編者は藩士の堀季雄《ほりときかつ》という人物である。天明《てんめい》二年（一七八二）の年記のある序文によれば、酒井家が『寛永諸家系図伝』編纂のさいに幕府に提出した系図（「酒井家御系譜」と名づけられている）に対し、同藩士小寺信正《こでらのぶまさ》（一六八二―一七五四）が注釈を付した「私抄」という書物があり、これに堀がさらに校訂をくわえたのが『御系譜参考』である。

もとの「御系譜」の部分は漢文体の楷書《かいしょ》で書かれており、鳶巣山砦攻撃のくだりは、先に引用した『寛永諸家系図伝』の記事と変わらない。そのあとに堀は、小寺の注釈に対する批判を交えながら自説を展開しており、この部分は行書《ぎょうしょ》（楷書をやや崩した書体）で記されている。

このなかで堀は、小寺が鳶巣山砦攻撃の発案者を家康としている点に疑義を呈し、発案者を忠次として、小寺の考証を批判している。小寺はこの部分にかぎり内容の疑わしい『三河後風土記《ごふどき》』と『本朝武林伝《ぶりんでん》』に依拠しているが、これらは「偽撰」「妄作」であって、ここは大久保忠教《ただたか》の『三河物語』と、『家忠日記増補追加』によるべきだというのである。

『三河物語』のこの部分についてはすでに触れたが、『家忠日記増補追加』をみると、忠次が家康にまず献策し、それに賛成した家康が忠次を信長に派遣して献策させたとある（これに対して信長ははじめ怒って斥《しりぞ》ける）。

もとより『御系譜参考』における堀の考証は、『総見記』や『四戦紀聞』が成立したあとの、十八世紀後半になされたものである。したがって事実がどうであったのかを確証づけるための史料ではないが、時代の先行する小寺の考証では家康、堀は忠次と、酒井家内部でなおふたつの説に分かれていたことがわかり興味深い。

いまひとつ『御系譜参考』で注目されるのは、出立のさいに忠次が信長から賜った忍轡についての考証である。堀は、『四戦紀聞』にある「瓢丹抜《ひょうたんぬけ》の忍轡《しのびぐつわ》」の名称は張果老《ちょうかろう》（中国の仙人）の故実によると由来を説明したうえで、信正がこれを誤って「瓢簞板」としていることを批判する（『四戦紀聞』の板本をみると「瓢簞板」なので、信正は実は誤ってはいない）。

ところで、庄内藩がその後編んだ史料叢書『大泉叢誌《たいせんそうし》』に収められた『御系譜参考』には、この忍轡の絵が掲載されている。そこに、『大泉叢誌』の編者阪尾万年《さかおながとし》が次のような注記をくわえている。

文化年中に、関口《せきぐち》正右衛門が江戸屋敷の厩《うまや》にある馬具を収めた古長持《ながもち》のなかから古い忍轡を見出した。これを鑑定したところ、信長より拝領した瓢簞抜の忍轡に相違ないとして、藩主のご判断を経て、御宝物の長持にお納めした。

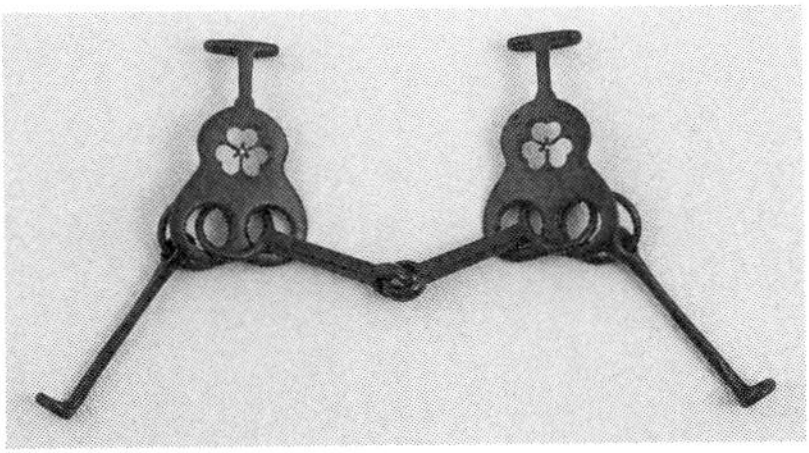

図15　瓢簞抜忍轡。致道博物館所蔵

酒井氏伝来の古文書や器物を収蔵する致道博物館には、いまもこの忍轡が伝わっている（「徳川家康と酒井忠次」展図録）。文化年中（一八〇四－一八）に発見されたときになされた鑑定の是非（および現在伝わっている轡の制作年代）を判断する能力はないが、酒井氏では、十九世紀に入ってからも、さらに長篠合戦における忠次の武功を裏づけるモノを家の宝と定めようとしていた。そのような歴史認識があったことは興味深い。

前述のように忍轡の名の由来について堀は、張果老の故実にある「音もなく駒《こま》の出入する縁」かとする（『御系譜参考』）。数百歳という年齢の張果は、いつも一頭の白いロバにまたがり数万里を移動していたが、休むときこのロバをまるで紙のように折りたたんで箱に収めたという（『有象列仙全伝《ゆうしょうれっせんぜんでん》』巻五）。この挿話が堀の念頭にあったのだろうか。肥前平戸《ひらど》藩主の松浦鎮信《まつらしげのぶ》が十七世紀末に著した『武功雑記』では、これを「ナラヌ轡《（鳴らぬ）》」と表現している。これを馬に食《は》ませると穏やかになるのだろうか。

さて、『御系譜参考』には、「編年集」（寛保《かんぽう》元年〈一七四一〉に将軍・徳川吉宗《よしむね》に献上された『武徳編年集成』だろう）の記事として、戦後奥平信昌と酒井忠次が岐阜に参上したさいに信長が手厚くもてなし、両人の武功を激賞したという話が紹介されている。このとき、信長から信昌に対して、「摺上一文字《すりあげいちもんじ》の刀、紋付の暑衣《しょい》、唐織《からおり》の胴服《どうふく》」が、忠次に対して「法城寺《ほうじょうじ》の薙刀、革袴《かわばかま》、革羽織《かわばおり》」が下されたという。

薙刀については、前述のとおりその後家康に献上された。いま致道博物館には、「亀甲花菱紋《きっこうはなびしもん》」の革羽織が収蔵されており、このときのものだとする所伝がある（『徳川家康と酒井忠次』展図録）。忍轡とあわせ、江戸時代庄内藩における忠次顕彰の様子がわかり、酒井氏にとっての長篠合戦の重要度の高さがうかがえる。

それでは次に、忠次と一緒に褒賞されたという奥平信昌の家に伝わった所伝、また信昌らが守った長篠城の攻防戦についてみてゆくことにしよう。

2　奥平信昌と長篠城籠城戦

奥平信昌長篠城に入る

長篠合戦当時すでに徳川家の宿老として東三河の支配を委ねられていた酒井忠次にくらべれば、奥平信昌はある意味対照的な立場にある。奥三河の国衆「山家三方衆《やまがさんぽうしゅう》」の一方である奥平氏は、第二章で述べたように、長篠合戦二年前の天正元年（一五七三）に家康と起請文を交わして武田氏から離れ徳川氏とむすんだ。そこからはまだ日が浅い。しかもこのとき徳川氏についたのは、当主の定能とその嫡男信昌であり、定能の父道紋と弟常勝は武田氏側に残った。奥平氏は分裂したのである。

このときに定能・信昌と家康が交わした起請文についても第二章で簡単に言及したが、この盟約に信長も関わっていることから、奥平氏は「徳川氏従属下の他の三河国衆とは異なる与力領主」であったとされる（柴裕之『戦国・織豊期大名徳川氏の領国支配』）。

居城であった作手《つくで》の亀山城を退去し、宮崎に移った定能父子だが、天正三年（一五七五）二月、家康によって信昌が長篠城将とされ、信昌は同城に入った。信昌は弘治元年（一五五五）生まれで長篠合戦当時二十一歳、父定能は天文《てんぶん》七年（一五三八）生まれで三十八歳であった。『当代記』によれば、長篠城は前々年の徳川氏による攻撃で放火され、建物が破損し見苦しかったが、信昌がこれを修復したという。信長から家康に送られた兵粮二千俵のうち三百俵が長篠城に移送されたことも前述のとおりである。

長篠城には信昌のほか、松平景忠・伊昌父子、松平親俊（ただし病のため天野正景が名代を務める）らも入っていた（『寛永諸家系図伝』）。景忠は三河五井城主、親俊は同国福釜《ふかま》城主であり、いずれも東三河衆である。

長篠城に籠城していた兵力については第一章で述べた。奥平氏の兵だけで二百人から三百人程度はいた可能性があり、これに五井・福釜の両松平氏の兵力がくわわるので、籠城兵の総数はそれよりもう少し多かったと思われる。

長篠城の攻防戦

長篠城に籠もる数百人規模の軍勢は、二十日間にわたり、二万人に近い武田軍による包囲攻撃に耐えた。

勝頼は五月一日から攻撃を開始した。竹束で仕寄《しよせ》をおこない、また金掘衆を入れて城の構えを突き崩そうとする（『信長記』池田家本・『当代記』）。武田軍は、十一日と十四日に、城の南の渡合《どあい》という地点から竹束で仕寄をおこなったところ、城内からの攻撃を受けて撃退された。また十三日には、瓢丸《ふくべまる》という曲輪《くるわ》（城郭を構成する区画）を強引に攻撃しようとしたところ、これまた撃退された（『当代記』『寛永諸家系図伝』）。

城内にいた松平勝次《まつだいらかつつぐ》という武士は、十八日の酉《とり》の刻（午後六時頃）に武田軍が城に攻め入ったので防戦し、敵の首級を獲る働きをみせたものの、このとき自身も負傷してのちに死亡したという（『記録御用所本古文書』『寛政重修諸家譜』『旧忍藩士従先祖之勤書《きゅうおしはんしせんぞよりのつとめがき》』）。少なくとも十八日頃までは、武田軍の攻撃が断続的におこなわれていたことがわかる。

この間の十四日、信昌の臣鳥居強右衛門《すねえもん》が援軍を乞うための使者として城内から派遣された。彼は十五日に岡崎において信長・家康と対面し、城に戻ろうとしたところで捕縛され、処刑されたのは十六日もしくは十七日とされている（拙著『鳥居強右衛門』）。

このときの籠城戦で手柄を挙げたとする奥平氏の家臣がほかにもおり、これらは家臣の家の系図や由緒書上に記されている。

ここで江戸時代の奥平氏について概観すると、信昌の嫡男家治《いえはる》の系統は、美濃加納《かのう》・下野宇都宮《うつのみや》・下総古河《こが》・出羽山形《やまがた》などを経て、十八世紀初頭に豊前中津《ぶぜんなかつ》十万石に封ぜられ、幕末まで存続した（つまり福沢諭吉《ふくざわゆきち》は奥平氏の家臣であった）。また、家治の弟忠明《ただあきら》（『当代記』作者に擬される人物）の系統は松平を称し、伊勢亀山《かめやま》・摂津大坂・大和郡山《こおりやま》・播磨姫路《ひめじ》などを経て、やはり十八世紀初頭に伊勢桑名《くわな》十万石の領主となり、十九世紀に武蔵忍《むさしおし》に転じた（『国史大辞典』）。家治・忠明とも母は家康長女亀姫、つまり家康の外孫にあたる。ちなみに鳥居強右衛門の末裔は松平氏に仕え、家老を務めている（拙著『鳥居強右衛門』）。

それぞれの家に伝えられた家臣たちの系図などの記録は、奥平氏は中津市歴史博物館、松平氏は行田《ぎょうだ》市郷土博物館に伝わり、そのなかに父祖の武功が記されている。たとえば後藤《ごとう》孫太夫は、武田氏の兵と戦って退散させた功により信昌から鑓《やり》を賜ったた（『旧忍藩士従先祖之勤書』）。鈴木《すずき》孫左衛門は十五日に渡合において武田氏の兵と戦い深手を負った（『御家中系図享保七年改』）。奥平弥六郎は、籠城中に銃弾に当たり、傷はいったんは癒えたものの、のちに風呂に入ったときふたたび出血し、天正三年（一五七五）中に死亡した（『御家中先祖書』）。今泉重俊《いまいずみしげとし》は、十四日、武田方が金掘衆により城の岸を掘り崩すところをみるため矢狭間《やざま》（鉄砲や矢を射るため城の壁にあけられた穴）から覗《のぞ》いたところ、銃弾に当たって死亡した（同前）、などである。

長篠合戦後の褒賞

それでは長篠合戦当日の五月二十一日のいくさについて、当の奥平氏はどのように記録しているのか。家として作成した系図のなかでも早いほうに属する『寛永諸家系図伝』の信昌伝では、酒井忠次率いる別働隊が二十一日早朝に鳶巣山・久間の両付城を攻めたとき、「貞《(定)》能鎧をあはせ、敵をやぶる、信昌もまた軍功あり」としか記していない。それ以前の籠城戦についても『当代記』の記事をほぼ踏襲するにとどまり、鳥居強右衛門の働きは記すものの、そのほかの家臣の働きについての記事はない。

有海原で戦ったわけではないので、その記事は「勝頼兵を引《ひき》ひ、大権現・信長とよせた、かふとき、柵をはり、鉄炮をはなつ、勝頼終《つい》に敗北す」と素っ気ない。

奥平氏の場合、むしろ戦後の記事が豊富である。そこでは次のような記事がある。

①戦後織田信忠（信長ではない）が長篠城に入り、信昌および家臣数人を賞した。
②家康も信昌およびこのとき武功のあった一族七人・家老五人を召して賞した（このときの例により、子孫たちは将軍の御前を拝する栄に浴している）。
③信昌は作手・田峯《だみね》・鳳来寺・岩小屋《いわごや》の諸城を守った（預けられた）。
④信長の仲介により、信昌は家康の嫡女亀姫を娶《めと》った。
⑤家康から、三河長篠・田峯・吉良《きら》・田原《たはら》、遠江刑部《おさかべ》・吉比・山梨《やまなし》・高辺《たかべ》を与えられた。

⑥吉例により、姉川合戦のとき家康が信長から賜った大般若長光《だいはんにゃながみつ》の太刀が信昌に与えられた。

①②にある家臣らの褒賞については後述する。④は、前々年に盟約をとりむすんだときの婚約が履行されたということなのだろう。③に登場する諸城は、奥平氏の元来の居城亀山(作手)のほかは、長篠城の北に位置しており、なかでも田峯は山家三方衆として武田氏に従属していた菅沼氏の居城であった。勝利を機に、東三河北部(奥三河)の主要な城を預けられ、領域的な支配を委ねられたものと思われる。

それのみならず、⑤によると、三河では吉良(愛知県西尾市)・田原(同田原市)や、遠江では、浜名湖の北に位置する刑部(静岡県浜松市)や、山梨(同袋井市)・高辺(同前)の地を与えられている(吉比は気賀《けが》〔浜松市〕か)。これらは場所から考えると、領域全体というわけではないだろうが、奥三河一帯にくわえて、これまで縁のなかった遠江国内にも新恩地《しんおんち》を給付されたことになる。しかも徳川氏の姻族という立場となった。

先に奥平氏を「徳川氏従属下の他の三河国衆とは異なる与力領主」とする指摘を引用したが、長篠城の籠城戦を耐えきったことにより、その立場に実が伴い、奥平氏は大躍進を遂げたということができるだろう。

奥平氏一族・家臣の武功

その後奥平氏・松平氏では、自家にとっての長篠合戦の重要性をいっそう認識し、歴史叙述を充実させてゆく。

十七世紀後半に幕府が諸家に対し、徳川家に関係する書物・文書類の提出を命じ、提出された「貞享書上」は、前述のように『武徳大成記』という幕府の史書に結実した。提出された「貞享書上」は、十八世紀末の寛政年間に書写されて『譜牒余録』としてまとめられ、これが大名・幕臣の系図集『寛政重修諸家譜』の編纂につながる（平野仁也『江戸幕府の歴史編纂事業と創業史』）。

その『譜牒余録』には、奥平氏・松平氏双方から提出された書上が収められているが、奥平氏が提出した「奥平家伝記」をみると、鳶巣山砦攻撃と有海原でのいくさにも触れられている。『寛永諸家系図伝』以降に流布した史書などが取り入れられたのだろう。奥平氏の褒賞でいえば、五月二十一日の晩に家康と信忠が長篠城に入り褒賞されたこと、一族七人・家臣五人も賞され「永御目見《ながおめみえ》」を仰せ渡されたことに触れ、彼らの名前も書き上げられている。

一族七人とは、奥平久兵衛（貞友《さだとも》）・同修理《しゅり》（定直《さだなお》）・同但馬《たじま》（勝正《かつまさ》）・同周防《すおう》（勝次《かつつぐ》）・同次左衛門（勝吉《かつよし》）・同与兵衛（定次《さだつぐ》）・同土佐《とさ》（定友《さだとも》）、家老五人は、山崎《やまざき》善兵衛（勝之《かつゆき》）・生田《いくた》四郎兵衛（勝重《かつしげ》）・兵藤《ひょうどう》新左衛門・黒屋《くろや》甚右衛門（勝直《かつなお》）・夏目《なつめ》五郎左衛門（治貞《はるさだ》）である（図16参照）。

「貞享書上」の提出機会などに、家中の武功もあらためて調査され、家臣たちから手柄を挙

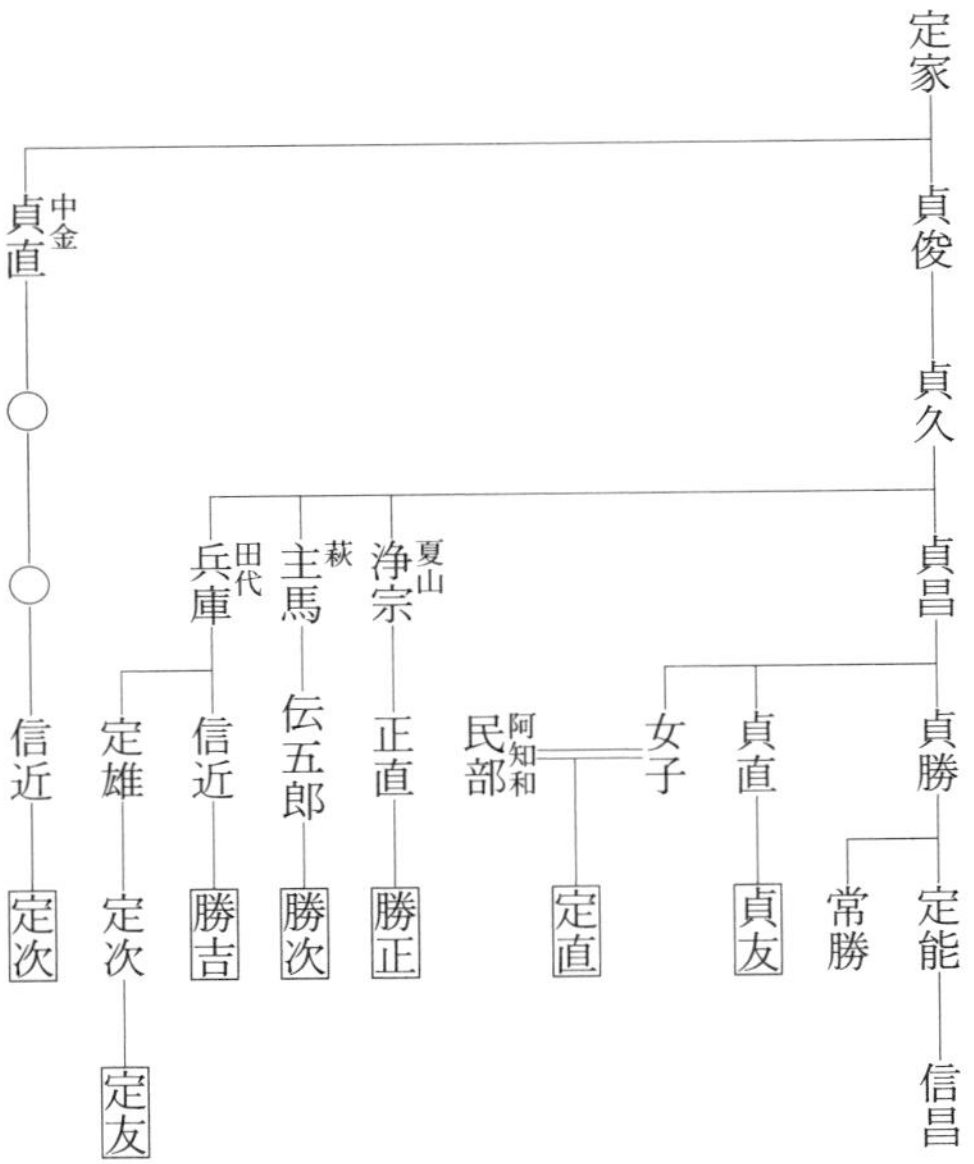

図16　奥平氏略系図。四角囲みは長篠城籠城戦で軍功を挙げた「七人の一族」。中津城所蔵『奥平家系図（原本無題）』『奥平家旧事聞書』などを元に作成

げた父祖の事蹟が報告されたのであろう。現在は、奥平氏（中津藩）は享保七年（一七二二）、松平氏（忍藩）は同二年に作成された系図が古いほうになるが、十七世紀にも同様の機会があったものと推測される。

いま残る系図をみると、奥平定直・勝正は「武者奉行」として兵を指揮し、首級をあげた

者には、同定次や夏目治貞がおり、治貞の子治定《はるさだ》は、「能武者《よき》」一人を討ち取り、彼の家臣である萩《はぎ》忠右衛門も首級をあげたとある。また生田勝重は、武田方の高坂源五郎（春日虎綱の子）を鉄砲で射殺し、二十一日には信昌の目の前で敵と戦い、敵を土橋から堀底へ斬《き》り落としたという（『御家中先祖書』『御家中系図享保七年改』）。

褒賞として将軍への御目見えが許されたとあるのは、主君奥平氏の家督交替のさいに将軍に拝謁するおり、一族・家臣三、四人も一緒に挨拶《あいさつ》をしたり、年始には毎年二人が礼に参上して挨拶するということらしい（『御家中系図享保七年改』奥平勝正伝）。

「開運」の長篠合戦

いま触れた生田勝重の武功記事では、五月二十一日を「御利運《ごりうん》の日」と呼んでいる。家臣たちの系図をみると、武田軍を撃退し「御開運遊ばされ候」のような表現を用いて、籠城戦の勝利を言祝《ことほ》いでいる（『御家中系図享保七年改』奥平定直伝など）。奥平氏にとって、長篠合戦は「利運」「開運」の機会となったのであった。

この記憶は長く家中に伝えられる。たとえば寛政十一年（一七九九）五月二十一日には、「長篠御開運より二百二十五年に相成り候御祝儀」として、家臣一同に御酒・御吸物がふるまわれた。当主からは、「その方共《ほうども》先祖の功労にして相続き致し候儀、めでたく思《おぼ》し召《め》され候」という言葉があったという（『御家中系図嘉永三年改』中西尚義《なかにしひさよし》伝）。

また、文政《ぶんせい》七年（一八二四）五月二十二日にも、同様に「長篠御籠城の節より二百五十年に相成り候」として、同様に酒がふるまわれ、当主からの礼が述べられた（同前奥平正元《まさもと》伝）。管見に触れたのは右の二度だけであるが、二十五年ごとの節目に毎度おなじような祝宴が設けられたのだろうか。ともかくも、このように節目の年に奥平家中で「開運」を祝い、家臣たちの忠節に報謝する機会があったのである。

家臣たちの事蹟を集積し、それが幕府に提出されるなかで、十七世紀末に成立した『武徳大成記』こそ一族七人・家臣五人という人数だけしか記されなかったが、十八世紀初頭の『四戦紀聞』に至ると、右に挙げた面々の名前が登場するようになる。家中で編まれる家譜もいっそう充実の度を増し、後世に成立した『奥平家譜』（中津城所蔵）などでは、一族七人・家臣五人だけでなく、籠城した家臣たち、討死した家臣たちの名前が記され、さらに、鳶巣山砦攻撃の別働隊にくわわった奥平定能麾下《きか》の家臣の名前も挙げられる。

いくさにおける家臣たちの手柄は、書上のようなかたちで記録・集積され、まとめられることで、それらは最終的に彼らが仕えた主君の勲功となり、その家に共有される記憶となる。この過程は、以前出羽秋田《あきた》藩佐竹《さたけ》氏の事例を検討して論じたことがある（拙著『記憶の歴史学』）。奥平氏の場合も同様であった。さらに奥平氏にとっての長篠合戦の記録は、江戸幕府に提出されることで家の外に出て、家康（徳川氏）の歴史のなかに編みこまれて語られることで、おおやけに認められた〝史実〟として普及する。こうした重層的な語りが時間の経過

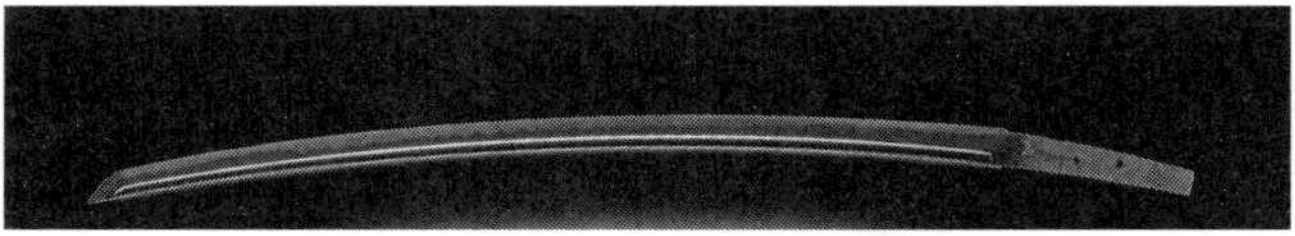

図17　大般若長光太刀。東京国立博物館所蔵。
ColBase（https://colbase.nich.go.jp/）より

により堆積し、歴史叙述として成立するのである。

戦後信昌が褒美として家康から与えられたという大般若長光の太刀についても、奥平氏に記録が存する。これはもともと足利義輝《あしかがよしてる》所用の刀で、三好下野入道・織田信長の手を経て、姉川合戦の功により家康に与えられたという。その後信昌の三男忠政を経て、四男忠明に渡り、その家（松平氏）に伝来するとある（『御家刀剣録《おいえとうけんろく》 并《ならびに》 附録《ふろく》』）。

この刀は現存している。東京国立博物館が所蔵し、国宝に指定されている。備前長船《おさふね》の刀工長光《ながみつ》の代表作のひとつで、鎌倉時代に制作されたものであるという（「e国宝（国立文化財機構所蔵国宝・重要文化財）」ホームページ）。室町時代に銭六百貫の価値があるとされ、六百巻の大般若経にちなんで「大般若」の名が付けられたのだそうだ。

なお先に忠次のところで触れた、信昌が信長から賜ったという「摺上一文字の刀」についても『御家刀剣録并附録』に「一文字御刀」として出てくる。そこには、翌年天正四年（一五七六）八月に、長篠城を守った功で信昌に与えられ、大般若長光同様、松平忠明家に伝わると記されている。現在これも国宝であり、静岡県三島《みしま》市の佐野《さの》美術館に寄託されている（名称は「太刀　銘一《めいいち》」、文化庁の国指定文化財等データベース・しずおか文化財ナビのホームページによる)。

酒井忠次が賜ったという忍轡・革羽織・薙刀同様、奥平氏(松平氏)でも、長篠合戦における父祖の武功を示す象徴的なモノとして、刀が大切に伝えられていたのである。

奥平氏に残る長篠合戦の記憶として最後に付けくわえておきたいのは、田螺《たにし》の挿話であろう。籠城中に五月五日の節句を迎えた城内では、それを祝うための魚肉がなかった。そこで堀に生息する田螺を捕って端午の節句に備えたという(『奥平家世譜』)。これは近年はじまった催しだが、五月に奥平氏ゆかりの大分県中津市において「中津城たにし祭り」が開催されている。

3 子孫たちによる顕彰

彩られる鳶巣山砦攻撃譚

ここまで、長篠合戦でとくに顕著な武功を示した酒井氏・奥平氏に残る史料を検討しながら、もともと共有されていた長篠合戦をめぐる話のなかに様々な情報や挿話が付加されてゆく過程をみてきた。こうした付加要素は、長篠合戦に参陣したほかの武将についても大なり小なり共通している。ここでいくつか拾いあげてみよう。

まずは鳶巣山砦攻撃の場面である。

『信長記』では、徳川方として酒井忠次の名前しか登場しない。『三河物語』にて、形原《かたのはら》松平家忠とその従者たち（戸田重元ら）の名が出る。大久保忠教は形原松平家の所伝を知っていたのだろう。『松平記』で、ようやく松平伊忠の討死が記される。『当代記』では、本多広孝と奥平定能の名が登場する。『甫庵信長記』では、広孝に加え松井忠次（三河東条城主）の名が登場し、戸田重元の砦への突入が出てくる。

前述のように『寛永諸家系図伝』の酒井忠次伝では、右に登場した面々にくわえ、牧野康成・菅沼定盈《さだみつ》・本多忠次・西郷家員の名が、寛文四年（一六六四）に榊原（松平）忠次が編んだ『御当家紀年録』には、本多康重も別働隊のなかに出てくる。康重は、首級を獲ったものの二箇所の傷を負い、銃弾が左股《ひだりもも》に当たり、終生摘出できなかったとある。この所伝は『寛永諸家系図伝』の康重伝に登場するから、それが情報源だろう。

おなじ寛文年間に成立した『家忠日記増補追加』には、右にくわえて松平清宗《きよむね》（三河竹《たけの》谷《や》城主）の名が出てくる。貞享年間成立の『武徳大成記』も同様である。彼も『寛永諸家系図伝』に従軍記事がある。

鳶巣山砦攻めおよび武田氏の包囲軍との交戦についても、様々な挿話が付加される。たとえば『武徳大成記』には、松井忠次麾下の尾崎定正が、武田氏の騎馬武者一騎が川を渡ってくるのを迎え撃ち殺害したとある。これは『寛永諸家系図伝』の忠次伝にはみえないものの、同家の家譜『松平家譜』に、定正に武功があったと記されている。おなじく松井忠次麾下の岡田（神尾《かみお》）元次は鳶巣山砦の城主を討ち取り、首級は妹婿に授けたという（『寛永諸家系図伝』神尾元次伝）。

別働隊の一将として名がある牧野康成については、鳶巣山砦へ物見に出たとき、敵の設楽《したら》某を討ち取り、そのとき負傷したものの、紫地に菊の紋を付した幕を分捕ったという（『譜牒余録』牧野因幡守《いなばのかみ》・中山佐渡守《なかやまさどのかみ》書上）。

先に紹介した戸田重元の先陣（髑髏《どくろ》の指物）、いま述べた本多康重の負傷、尾崎定正の川中での武功や岡田元次の武功、牧野康成の分捕りは、『四戦紀聞』に揃って登場する。江戸初期に成立した記録や、その後に作成された系図・書上、それらの記事を取り入れて編まれた史書（『家忠日記増補追加』『武徳大成記』『御当家紀年録』など）に登場する部将や彼らの挿話は、やはり最終的に『四戦紀聞』に流れこんでいる。同書がある種の長篠合戦譚の集大成となったと思われる。

有海原での武功話

次に有海原でのいくさに関わる史料をみてゆこう。

ここでは大久保忠世・忠佐兄弟が顕著な働きをみせたことをすでに紹介した。当然ながら、徳川氏のほかの家臣たちもこのいくさで武功を挙げたとする記録が残る。

『大須賀家蹟』の残る大須賀康高は、そこには「比類なき働き」をしたとあったが、ここまで紹介した史料では、『寛永諸家系図伝』の康高伝以外、『武徳大成記』まで彼の名前は登場しない。『寛永諸家系図伝』には「先陣をうけたまはりて、武田勝頼をうちやぶる」とあり、『武徳大成記』には奮戦した部将の一人として名前が出るにとどまる。

ただ、『武徳大成記』に先行して成立したとみられる、寛文七年（一六六七）の序文のある徳川創業史の一書『治世元記《ちせいげんき》』（編者不明）中に、家臣・久世《くぜ》三四郎の武功が記されている。『四戦紀聞』になると、康高麾下の久世や坂部広勝《さかべひろかつ》ら十三人の名前が書き上げられている。

こうした様相は、大須賀康高の娘婿にあたる榊原康政も同様である。康政の名は、『武徳大成記』以前では、いま挙げた『治世元記』に登場するだけである。ただし『治世元記』では、康政自身が敵の首級を獲ったとする記事のほか、手柄を立てた十名の家臣の名が列挙されるのに対し、『武徳大成記』は康高同様に奮戦した部将の一人という扱いであった。

これを考えると、『御当家紀年録』や『家忠日記増補追加』とおなじく寛文年間に成立した徳川創業史として、『治世元記』は注目できるのかもしれない。ただし本史料の性格を検討するような先行研究が見当たらず、その位置づけは今後の課題となる。

さて、榊原康政や彼の家臣の武功は、やはり『四戦紀聞』にも登場する。同書には、康政麾下の村上《むらかみ》弥右衛門をはじめ六人の名が挙げられ、なかでも伊奈《いな》源左衛門が深手を負ってその日の宵《よい》に死亡したという話も記されている。

榊原氏の場合、「貞享書上」提出時に家臣たちの武功を提出させたようである。公益財団法人旧高田藩和親会が所蔵する『榊原家史料』中に、『見向様御家中走廻之覚《けんこうさまごかちゅうはしりまわりのおぼえ》』『貞享年中家中之内拾六人先祖武功書出』といった史料が残っており、それらには長篠合戦を含むいくさで榊原氏の家臣が挙げた武功が書き上げられている。それをみると一部重なる人物がおり、『四戦紀聞』は「貞享書上」などを参照した可能性がある。

次に本多忠勝である。『寛永諸家系図伝』の忠勝伝には、家康より「軍奉行《いくさぶぎょう》」を命ぜられたとあり、鉄砲兵を選んで柵際に位置し、敵が近づいてきたところを撃たせて敗走させたとする。

勝頼が敗走時に家伝の指物を奪われてしまったとき、「これは古いものだから捨てるのだ」と嘯《うそぶ》いたのを聞いた忠勝与力の梶正道が、笑いながら「馬場信春や山県昌景は武田氏の老将だが、彼らも古いから捨てたというわけか」(二人が討死したため)と応答し、相手は返す言葉もなかった。このやりとりを聞いた家康が愉快に思ったという話も、忠勝伝のなかに書かれている。

また、武田氏の兵が家康を討とうとしてひそかに松の木陰に身を隠していたところ、忠勝の与力である多門伝十郎と蜂須賀彦助が追い払おうとした。このとき彦助は討死し、伝十郎は負傷したという武功も記される。これら忠勝および彼の与力たちの武功について、『治世元記』『武徳大成記』などにはあらわれず、これまた『四戦紀聞』にて採用されている。

ここでもう一人、本多重次（作左衛門）の武功にも触れておきたい。

重次は家康の祖父清康・父広忠の代から仕える古い家臣で、長篠合戦時四十七歳、陣中から妻に宛て「一筆申す、火の用心、おせん痩《や》さすな、馬肥やせ、かしく」（人口に膾炙《かいしゃ》している文面は「一筆啓上。火の用心、お仙《せん》泣かすな、馬肥やせ」）という〝日本一短い手紙〟を送った挿話が知られる三河武士である（『国史大辞典』・磯田道史『殿様の通信簿』）。

もっとも、ここまで紹介した史料に右の手紙の話は出てこない。嫡男成重《なりしげ》（幼名は仙千代《せんちよ》）が寛永十八年（一六四一）に作成した由緒書（『先祖由緒書』）が国立歴史民俗博物館に伝わっており、そのなかに重次の武功が記されている。それによれば、重次は武田軍七、八騎の中に突入して組み討ちし、首級を獲ったものの、斬り合いのさい目を潰《つぶ》され、七箇所の傷を負ったという。かなりの重傷である。

この手柄は『寛永諸家系図伝』にも記載があるから、系図編纂にあたり右の由緒書が提出され、それが採用されたという流れを想定できる。重次の話は、その後の史料では、『家忠日記増補追加』に登場し、『四戦紀聞』でも言及される。鳶巣山砦をめぐる記録により述べた、『四戦紀聞』が集大成であるという見通しは、有海原のいくさの場面でも当てはまりそうである。

無視された親子の別れ

ここまでは、長篠合戦で働いた武士の子孫が系図や由緒書のようなかたちで記した父祖の事蹟が、史書や物語に取りこまれてゆく話をみてきた。これとは逆に、子孫たちが提出した父祖の記録が「歴史」に完全には昇華できなかった例もある。

それは、鳶巣山砦攻撃の別働隊にくわわり、討死した松平伊忠の挿話である。『寛永諸家系図伝』の伊忠伝では、敗走する勝頼を追撃するなかで討死したとある。伊忠は鳶巣山に向かう前、嫡男の家忠に対し「自分はかならず戦死することになるだろう。家忠は自分に従ってはならない。身を全うして殿によくお仕えするように」という遺言めいた言葉を伝え、麾下の兵の多くを家忠に付け、「靭《うつぼ》のしか毛」（矢を入れた筒の上部にはられた鹿の毛か）を肴《さかな》として家人らと別れの盃《さかずき》を交わしたとある。

二男忠勝の作とされる『権現様御一代記』では、こうした父と兄の別れの場面はなく、「鳶の巣の川岸にて落勢に渡り合」い、討死したとする。玄孫（孫の孫）の松平忠冬が著した『家忠日記増補追加』では、伊忠は家忠に対し「自分は今度かならず先頭に立って、力を尽くしていくさをしようと思う。たとえ武田軍が多勢であったとしても、どの部隊も打ち負かすことができないということはなかろう。とはいえ敵は多勢である。自分はかならず討死を遂げたく思う。そなたは身を全うして殿にお仕えし、家名を継いで忠義を励め」と申し含め、靭の鹿毛を切って肴とし、暇乞《いとまご》いの盃を交わした。しかし家忠も、父とともに討死の覚悟を決め場を去らずにいたところ、伊忠は家忠を叱《しか》り、家忠は承服したと、多少の潤色がくわわっている。

この挿話は、酒井忠次の場合と異なり、『治世元記』では一字下げた付記のかたちで、また『武徳大成記』では「一説」として収められる扱いを受け、しかも『四戦紀聞』ではまったく採用されていない。『四戦紀聞』における伊忠の討死場面は次のようなものである（原文は漢字片仮名交じり）。

松平主殿助《とのものすけ》伊忠は味方を離れ、乗本村より岩代《いわしろ》の渡《わたし》を越《こえ》て落行《おちゆく》敵数多撃捕《あまたうちとる》所に、小山田《おやまだ》備中《びっちゅう》残兵三百計《ばか》り、半途より大海《おおみ》と云ふ地迄引班《ひきかえ》し、伊忠が後を断つ。伊忠享年三十九歳。勇を奮ひ散々に戦ひ、従兵と共に命を損す。

『寛永諸家系図伝』には詳細な記事が載っていたけれども、親子の別れはいくさの手柄と直接の関係がないからか、逆に『四戦紀聞』に出てこないというのも興味深い。父祖のいくさでの武功、それらをもとにした幕府編纂の史書、子孫の編んだ史書、いくさ語りを主題にした軍記、それぞれに書物としての成立背景が異なる。単純に時間を追って話がふくらんでゆくというわけでもないのである。

苦戦する織田・徳川軍

ここまでみてきた史料は、『甲陽軍鑑』など一部を除けば大半が〝勝者の記録〟であるため、いくさの勝利に自分自身（あるいは父祖）がどのように貢献したのか、という文脈で記されている。

ただし、第三章で言及した『大須賀家蹟』にあったように、鳶巣山砦も簡単に落ちたわけではなかった。そこには、いったん乗っ取った砦を武田軍が奪い返したとあった。このことは奥平氏の記録にもみえている（『譜牒余録』奥平美作守提出「奥平家伝記」）。そこには次のようにある。

鳶巣山砦の搦手《からめて》から攻める松平伊忠らの軍勢に対し、武田軍が出撃し、一町ほど追い崩して砦に引き返した。それを追って酒井忠次の隊が城戸際《きどぎわ》まで迫り、伊忠らも取って返してこの攻撃にくわわったが、またしても武田勢が出撃して一町ほど押し戻され、このときに伊忠が討死した、という。

有海原でのいくさでも、苦戦した様子が書きとめられている。

これも第三章で述べた織田軍佐久間隊・滝川隊の苦戦は、この窮地を徳川軍が救ったという引き立て役として描かれた可能性はあるものの、たとえば『甲陽軍鑑』（四悪将巻四）には、武田方の土屋昌続《まさつぐ》隊が佐久間隊の備えの前の柵を二重まで破ったとあり、また『家忠日記増補追加』では、真田信綱・昌輝兄弟の隊が織田方の柵を破って攻め入ろうとし討死したとある。

江戸時代の十七世紀後半に真田氏の家臣が編んだ記録として知られる『加沢記《かざわき》』には、敵方が柵の中に引き返すところを追撃した真田兄弟が柵を二重まで乗り越えたとあり、やはりそこで二人は討死したという。

有海原では織田・徳川軍の鉄砲が注目されがちであるが、武田軍のほうでも鉄砲により応戦していた。榊原康政の家臣である鷹見《たかみ》新八郎は、康政に従い有海原で奮戦し、鉄砲により負傷したという。「武田勢がきびしく鉄砲を撃ちかけてきた。敵・味方百騎ばかりが交戦し、新八郎は矢を放ち敵四騎を射殺した」と曽孫が新八郎の手柄を報告している（『貞享年中家中之内拾六人先祖武功書出』）。

小幡景憲の覚書だとされる『長篠合戦物語』という史料では、武田方山県昌景が隊をまとめ徳川軍に突撃しようとする様子をみた家康が負けを覚悟し、嫡男信康を呼んで後事を託し、「我等《われら》は信長への言訳《いいわけ》に討死を仕るべし」と述べたことに対し、信康のほうが父の名代に討死すると答えたという挿話が記されている。もとより信頼性は乏しい史料であるが、徳川軍が追いこまれたとする話も皆無ではないのである。

信長の名付け感覚

第三章において、有海原で手柄を立てた大久保忠世・忠佐兄弟の話に触れ、信長が忠世のことを「(長篠の)鬚《ひげ》」と呼んだ挿話を紹介した。

信長には名前というものに対する独特の感覚があるのではないかと前々から思っている。旧著でも指摘したが、嫡男信忠の幼名「奇妙《きみょう》」、二男信雄の幼名「茶筅《ちゃせん》」(抹茶をたてるときに茶をかきまわす道具)にはじまり、天正三年(一五七五)七月に家臣たちに与えた苗字や受領名《ずりょうめい》(すべて西国の由緒ある氏族や日向守《ひゅうがのかみ》など国司の名乗り)などがその例である。後者の場合、背後に政治的な意図をみる考え方が一般的だが、わたしは信長の〝遊び心〟にすぎないと感じている(拙著『織田信長〈天下人〉の実像』)。

「(長篠の)鬚」といった当意即妙のあだ名をつけたのとおなじような挿話が、長篠合戦に関わっていくつか伝えられている。

第一に挙げるのは、奥平信昌に授けたという「武者之助《むしゃのすけ》」の呼称である。もっとも、初見は『総見記』であり、『四戦紀聞』にもみえるというだけで、奥平氏側の史料としては、おそらくそれらのあとに成立した『奥平家世譜』にようやく登場するので、事実としてはすこぶる怪しい。

次に鳶巣山砦攻撃のさい一番鑓の功名を挙げたという戸田重元(半平)である。戦後信長は家康に対し、重元の苗字である戸田を改め「鑓半平」と称したらよいと伝えたという(『寛永諸家系図伝』)。ただ重元は、これをきっかけに戸田の苗字を「鑓」に改めたわけではない。子孫は戸田を名乗りつづけている。

さらに、家康の従弟にあたる（父忠勝が家康生母於大《おだい》ときょうだい）水野《みずの》（三四郎）康忠《やすただ》は、長篠合戦のおり、信長に酒樽《さかだる》を献上した。いくさで彼は武田方の松下《まつした》金大夫という武士を討ち取る功名があり、それを聞いた信長が「かの樽三四郎の働きか」と口にしたため、のち家康の命で家名を「樽」と改めたという。彼の子孫は江戸の町年寄《まちどしより》（町役人のひとつ）となり、こちらは実際に「樽屋」と号した（『朝野旧聞裒藁《ちょうやきゅうぶんほうこう》』所収「享保八年町年寄樽屋藤左衛門由緒書」・『寛政重修諸家譜』）。

「武者之助」はともかく、「鬚」にせよ、「鑓」「樽」にせよ、その人の見た目や働きなどをそのまま一文字であらわした単純なもので、名付けの感覚などと大袈裟《おおげさ》に指摘するものでもないかもしれない。羽柴秀吉が「猿《さる》」と呼ばれたとされるたぐいで、右に挙げた例はすべて事実といえるのかどうかも疑わしい。

ただ、とりわけ長篠合戦のときに、信長にそう呼ばれた（それが一種の栄誉であった）という伝承がそれぞれの家に伝えられていることは、長篠合戦と信長、また家康と信長とのむすびつきにまつわる特殊な感覚を示すものではないかということで紹介した。

4　合戦図屏風による図像化

戦国合戦図の成立

ここまで言及した史料はすべて、文字によって書かれた、いわゆる文献史料であった。第一章で言及したように、現代の日本史の教科書では、長篠合戦を説明するうえで「長篠合戦図屏風《びょうぶ》」の写真が掲載されており、絵画も教育の場で利用されている。文字でいくさの経過やその歴史的意義を知ることにくわえ、このように絵画で観れば、合戦像は格段に頭に定着しやすいと思われる。長篠合戦と聞くと、多くの人がその図像を頭に浮かべるのではあるまいか。

そこで本節では、この「長篠合戦図屏風」を考えてみたい。これらの作品群が文献史料といかなる関係を持っているのか、屏風が制作された歴史的背景にはどのような事情があったのか、それらの問題を、先行研究に学びながら考えてみる。

なおここまで「長篠合戦図屏風」と呼んでいたのは、所蔵先を明記して述べていないかぎり、長篠合戦を描いた複数ある屏風の総称を意味した。以下その意味での呼称を長篠屏風と表記する。個々の作品についてはその都度言及する。

美術史研究者によれば、いくさを絵にするという文化的現象は、十二世紀頃にはじまったようであり、それは当初絵巻（巻子本《かんすぼん》）という形態をとった。『将門記《しょうもんき》』『陸奥話記《むつわき》』『平治物語《へいじものがたり》』といった軍記物語に語られた過去のいくさを描くような作品が生まれ、そのなかで『平家物語《へいけものがたり》』を題材にした作品群が登場する。

そして襖《ふすま》や屛風といった大画面にいくさの様子が描かれるようになるのは室町時代頃である。制作された合戦図は、「一つの戦《いくさ》を画面全体に捉《とら》えて無数の武士を描き、大軍がぶつかり合う圧倒的な臨場感を伝える」型のものと、「一つのエピソードを大画面に描く」型のものの二種に類別される。この流れのなかで登場する戦国合戦図は、もっぱら前者に属する作品群である。制作の目的は「大名家が戦国期に活躍した自家の先祖を顕彰することにあった」とされ、当初は絵地図に人物をはめこむような平面的な描き方の作品であった。

右のような成立契機であるから、戦国合戦図は、初期と呼ばれるものであっても、基本的に江戸時代に出現した作品群である。ただ、十七世紀後半以降に制作された「次世代」の戦国合戦図屛風になると、おなじ図柄の作品が複数作られ、絵地図的表現が希薄化して人物も硬直的な描き方から動的な図様へと変化し、漢画風の水墨表現があらわれるようになるという。これは、江戸狩野派《かのうは》の絵師が各大名家に召し抱えられ、右のような様式が広まっていったからなのではないかと指摘されている（薄田大輔「合戦図における絵画表現の深化と多様化」）。

長篠屛風は、この初期戦国合戦図と「次世代」の合戦図にまたがるように存在している。

戦国合戦図屏風研究と長篠屏風

戦国合戦図屏風は、かつてはそれが対象とするいくさの様子を（絵画として）知るための副次的な資料として、書籍に写真が掲載されるような使われ方がもっぱらであり、細部を知るためには、博物館・美術館などにおいて展示される機会をとらえなければならなかったと思われる。そうしたなか、一九八〇年から翌年にかけて『戦国合戦絵屏風集成』六冊（中央公論社）が刊行された。ここに大判カラーの図版が収められたことで、ある程度容易に細部を確認することができるようになった。

また、同書には日本史や美術史の研究者による論考が収められている。これによって戦国合戦図屏風の、史料としての本格的な研究がはじまった。屏風の制作年代や、描かれている図様の典拠、複数伝来する屏風の系統分類といった基礎的な研究がはじまったのである。

こうした基礎的な研究の蓄積をふまえ、前述した「自家の先祖を顕彰すること」の歴史的背景を探ろうとする問題関心から、それぞれの制作者（発注者）に着目して、研究を大きく進めたのが、高橋修による一連の仕事である（高橋『戦国合戦図屏風の歴史学』）。このなかで、成瀬氏に伝来された長篠屏風（以下これを成瀬本と呼ぶ）、およびそれと一双になっている「長久手合戦図屏風」（以下この作品群の総称を長久手屏風と呼ぶ）の成立背景についても重要な指摘がなされている。

高橋の研究に触れるまえに、まず成瀬本の基本的な情報を確認しておこう。

戦国合戦図屛風は、全体でいえば全国に七十例以上の作品が確認されており、このうち長篠屛風（もしくは長篠合戦を描いた屛風）は現在十四点が把握されている（堀新氏代表の科学研究費補助金・基盤研究A「戦国軍記・合戦図の史料学的研究」による）。数としては関ヶ原合戦図屛風に次ぐ多さである。

尾張藩の付家老《つけがろう》（将軍家の命で御三家の尾張藩を補佐するため付属させられた家老職）であり、犬山《いぬやま》城主であった成瀬氏に伝来する史料・器物を収蔵する公益財団法人犬山城白帝文庫《はくていぶんこ》が所蔵する成瀬本（図18）は、数ある長篠屛風のなかで最も著名であり、現存する長篠屛風中最古とされ、十七世紀後半以降に制作されたと考えられている（薄田前掲論文）。

成瀬本は六曲（六枚折）で、長久手屛風と一双となって伝わっている。右側の第一扇《せん》から第二扇にかけ、長篠城と鳶巣山砦の攻防戦を描く。武田勝頼は第二扇の上部に描かれ、武田軍全体は、第二扇から第四扇にかけて、右から左へ攻めこむ姿で描かれる。

武田軍と織田・徳川軍を隔てる連吾川は、第四扇から第五扇にかけて上から下に流れるように描かれており、川の左側に織田・徳川軍が柵を設け、その内外から鉄砲を構えて敵をねらい、これに撃たれたとおぼしき武田方の武将が倒れている。

徳川家康は第五扇の中央付近に、織田信長は一番左の第六扇上部に、それぞれ戦況をみつめるように描かれる。第五扇の上部には羽柴秀吉も描きこまれており、長篠屛風は、いわゆる戦国の〝三英傑〟が一画面に登場する絵としても知られる。いま述べた成瀬本の大まかな図様は、ほかの長篠屛風の大半に共通している（初期戦国合戦図屛風として知られる名古屋市博物館所蔵本のみ大きく異なる）。

成瀬家における合戦図屛風の意義

高橋修は、成瀬本の長篠合戦図屛風と一双になって伝わる長久手合戦図屛風に、犬山藩祖にあたる成瀬正成《まさなり》が二箇所にわたり描かれていることなどから、これを成瀬氏が父祖の戦功を顕彰するために制作したものだと論じた。実際に正成は、天正十二年（一五八四）四月の長久手合戦において手柄を挙げている（『寛永諸家系図伝』）。

さらに制作理由として高橋は、次のような事情を想定する。

もともと徳川家康に仕えて姉川・三方原・長篠などのいくさに従った成瀬正一の嫡男正成は、征夷大将軍《せいいたいしょうぐん》職を嫡男秀忠に譲り駿府城に移った家康に従い、「駿府老中」となり、さらに家康九男である尾張藩主義直《よしなお》の傅役《もりやく》を命ぜられ、そのまま尾張藩の付家老として犬山城主となったという経歴がある（『国史大辞典』）。つまり成瀬氏は、本来は他の譜代家臣同様一個の大名家たるべきところ、将軍家の家臣（尾張藩主）の家臣、つまり陪臣《ばいしん》という立場に甘んじることになったのである。

こうした立場から脱却するため、十九世紀初頭の享和《きょうわ》元年（一八〇一）、徳川氏にとって重要ないくさのひとつである長久手合戦での父祖正成の戦功が描かれた屏風を時の将軍（十一代徳川家斉《とくがわいえなり》）のお目にかけることで、陪臣としての付家老から、独立した大名家に昇格せんと図ったというのである。

この高橋の説は、美術作品を研究するうえで必須《ひっす》の研究であった、各作品の性格や制作過程を所蔵者や発注者という観点から探るという方法を戦国合戦図屏風研究にも取り入れ、さらに政治史的な分析をくわえたという意味で重要である。はじめて高橋論文を読んだとき、強烈な知的興奮をおぼえたことを思い出す。

ただしこの説には、その後批判も出ている。正成が一箇所にしか描かれていない長久手屏風もあることから、逆に成瀬氏のほうが改変をくわえたのではないか、長篠合戦を描いた屏風と長久手合戦を描いたそれは元来別々の家で成立し、その模本を制作した尾張徳川家がふたつを一双に組み合わせたのではないか、という説などである（須磨千頴《ちかい》『小牧長久手合戦図屏風』解説」・原史彦「長篠・長久手合戦図屏風の製作背景」）。

また最近でも、美術史の観点から、成瀬氏の長篠合戦図屏風と長久手合戦図屏風は画風が異なることから、もともと別の時期に祖本が成立していたことを論証する研究が発表され（薄田大輔「長篠・長久手合戦図屏風再考　絵画史研究の視点から」）、高橋の説には再検討が迫られるようになっている。

図18　「長篠合戦図屏風」（成瀬本）。犬山城白帝文庫所蔵

成瀬家と長篠合戦図屏風

成瀬氏における長久手合戦図屏風の制作背景に制作者の意図を読みとろうとした高橋の視点は、前述のとおり重要である。もっともこの考え方は逆に、長篠合戦図屏風の制作背景を探るときにむずかしい問題を提供する。

　高橋は、成瀬本の長篠合戦図屏風と長久手合戦図屏風が同一の絵師になるものとしたうえで、まず長久手が制作され、それと一双（対）になるべき画題として、正成の父正一が活躍し

た長篠合戦を選択したと論じる。長篠合戦は副次的な位置づけである。たしかに長篠合戦は、長久手合戦ほど成瀬氏の派手な活躍はない。

長篠合戦における正一の働きについては第三章で紹介した。確認すると、正一は一時武田氏に仕えていたことがあり、武田方の武将の指物や紋を知っていたため、物見や先鋒を務めたという内容だった。

いま犬山城白帝文庫に伝わる成瀬本は、長久手も合わせて正本・副本の二種がある。副本は、他家から閲覧・模写希望があったときのための貸出用に制作された模本であるとされている。

副本には、柵の前で鉄砲を構えた武士の下に「成瀬吉右衛門」の貼札《はりふだ》が確認されるが、正本にはそれがない。正本のおなじ位置に貼札がかつてあった痕跡《こんせき》もないとされ（白水正「長篠合戦図屏風の人名表記について」）、写真を確認するとたしかにそのとおりである。副本を模写したとされる松浦《まつら》史料博物館所蔵の長篠合戦図屏風（松浦本）もまた、鉄砲を構える武士の下に貼札が写されている。いまある貼札の位置に素直に従えば、正一は、紋などで見知っている相手にねらいをさだめて鉄砲を構えているかのように解釈できる。

ところが、成瀬氏側がこの屏風中で正一とみなしている人物は、副本にて貼札のある人物の後ろで、鉄砲を構えずに前方（武田方）をみすえている武士のほうである。たしかに、指物や紋を知ったうえで、撃つ相手を指示している姿のようではある。

白水正は、鉄砲を構えていないほうの武士を正一とみなすのは成瀬氏の家伝であり、父祖正一であるのは当然のことだから正本には名前を記した貼札を入れなかった。いっぽう他家に貸し出す副本には貼札を入れたものの、絵師が正一の位置を正確に把握していなかったため、「少しずれているように見える」とする（白水前掲論文）。

最近、成瀬本の祖本は、現在徳川美術館が所蔵する六曲の作品（徳川本）に描かれているように、有名な黒の具足を着した本多忠勝が面頰《めんぼお》や貫《つらぬき》も付けて「異様な出で立ち」で描かれていた可能性があり、徳川本はそのままそれを模し、成瀬本は「忠勝を強調する必要がない」ので「他の武将の表現と整合性を図るために面頰を取り、大鎧姿《おおよろいすがた》に改めた」のではないかという指摘がなされた（薄田「長篠・長久手合戦図屛風再考　絵画史研究の視点から」）。

高橋説の批判として出された研究でも、徳川本における印象的な忠勝像から、長篠屛風の祖本が本多氏において制作されたのではないかという仮説が提唱されているから（原前掲論文）、右の説は興味深い。先に触れたように、忠勝はたしかに柵の内側で軍奉行として鉄砲隊を指揮したという所伝があったからだ。

それを考えれば、成瀬正一に関する白水の推論は再考を要することになる。最近の指摘をふまえて白水の推論を敷衍《ふえん》すると、祖本をもとに成瀬氏が模本（いまの成瀬本正本）を制作したとき、貼札がない箇所もそのまま忠実に模写した。ただ、その模写のときか、そのあとのことかはわからないが、父祖正一の働きについて家に伝わる記録をもとに、祖本に貼札がなかった人物を正一とみなした、もしくは副本制作時にそうしたという可能性も生じるのである。もしそうだとしたら、長篠合戦というできごとに対する成瀬氏としての歴史認識（あるいは副本制作時の成瀬氏の意図）をうかがう事例として注目できる。

本書では、長篠・長久手屛風の制作をめぐる議論にこれ以上立ち入ることはしないが、長篠・長久手屛風にはまだまだ検討の余地が残っていると思われる。

長篠屏風に描かれた武功

さて、成瀬本に描かれている武士たちの姿については、すでに詳細な研究があり（井上泰至「戦国合戦図屏風と軍記・合戦図」）、それを参考にしたい。そこでは、第三章で紹介した『信長記』以下主要な史料（『甲陽軍鑑』『甫庵信長記』『三河物語』『増補信長記』『武徳大成記』『総見記』『四戦紀聞』）に登場する人物と成瀬本の貼札にある人物をつき合わせ、一覧表として示されている。

そのうえで、寛文二年（一六六二）に成立した『増補信長記』を重要視し、鳶巣山砦攻撃の場面に描かれる人物は同書にほぼ登場すると指摘されている。その後宝永《ほうえい》二年（一七〇五）に成立した『四戦紀聞』において、だいたいの人物が出揃う。したがって成瀬本は『四戦紀聞』を参考にした可能性が高く、その成立は、『四戦紀聞』刊行後の十八世紀初期以降にずれ込むのではないかという。

成瀬本の成立時期についての指摘は別にして、右の推論に大筋で異論はないのだが、第三章で述べたように『増補信長記』は〈信長記系〉の軍記であり、江戸時代に成立した屏風を考える場合は、〈徳川創業史系〉の『武徳大成記』にも注目すべきではないかと思われる。

成瀬本が享和二年（一八〇二）に将軍家斉の上覧に供されたことがきっかけで、将軍家においても長篠合戦・長久手合戦の屏風制作が開始された。将軍の御用絵師である奥絵師の木《こ》挽町《びきちょう》狩野家に制作が命じられ、現在はその下絵八幅が東京国立博物館に所蔵されている

（拙稿「東京国立博物館所蔵長篠合戦図屏風について」。以下これを下絵と呼ぶ）。下絵の図様をみると、成瀬本の構図をもとに、八幅と横に拡大して描かれている。

徳川氏において十九世紀になってふたたび長篠合戦・長久手合戦を主導的に図像化する作業が開始されたことの歴史的背景にいかなる事情があったのか興味深いが、この下絵のなかでいくつか注目すべき図様がある。

図19　鳶巣山へ向かう行軍中、甲冑を担ぐ武士。「長篠合戦図屏風下絵」第二幅（部分）。東京国立博物館所蔵。ColBase（https://colbase.nich.go.jp/）より

ひとつは鳶巣山砦攻めに向かう軍勢である。酒井忠次率いる別働隊が深い山を分け入り、砦に向かう姿が描かれている。そこには、兜や胴などの具足を脱ぎ、鑓に提げてそれを担いで歩いたり、先にいる者が手を差しのべて仲間を引きあげようとする姿がみられる（図19）。

この様子は、『四戦紀聞』に「甲冑を荷担し、（中略）案内者先に往《ゆき》て、木の根に縄を結付《ゆいつけ》、後勢是《これ》に取り付き、一人宛《ずつ》押通り」とある叙述を彷彿《ほうふつ》とさせる（ただし中略の後の文章は、『四戦紀聞』よ

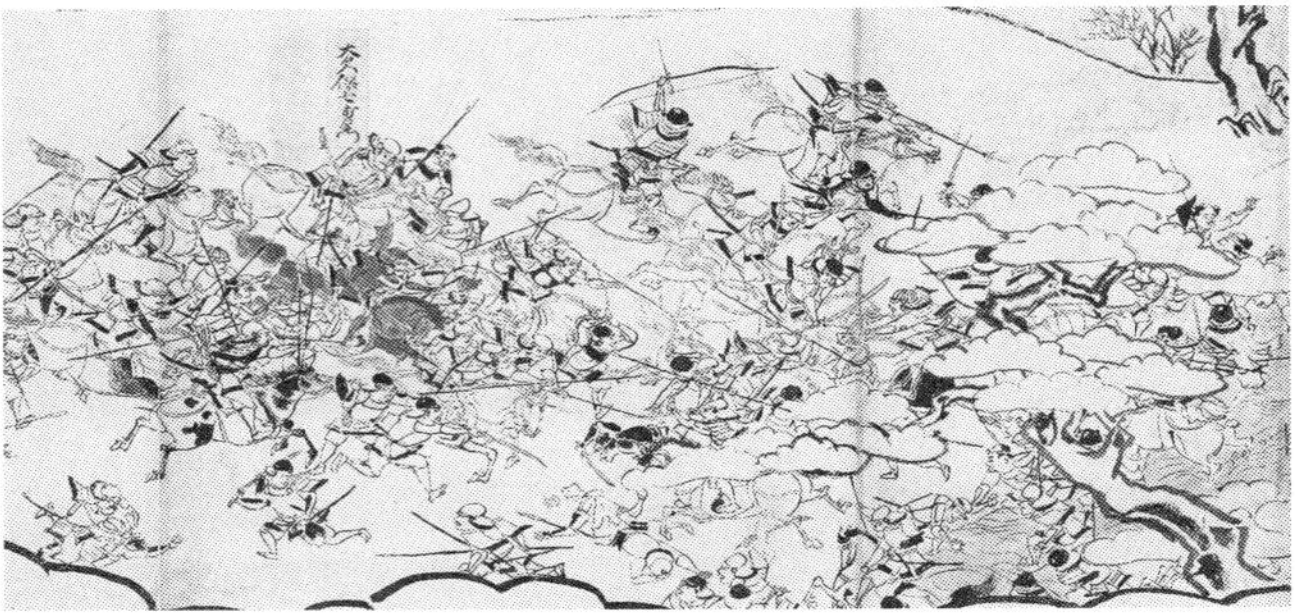

図20　大久保忠世の活躍。「長篠合戦図屛風下絵」第六幅（部分）。東京国立博物館所蔵。ColBase（https://colbase.nich.go.jp/）より

り先に成立した『総見記』にすでにみえる）。成瀬本自体がすでに『四戦紀聞』を参照していることが指摘されているが（井上前掲論文）、下絵ではより細かく描きこもうとしていることがわかる。

大久保兄弟と尾崎半平

いまひとつは大久保忠世・忠佐兄弟である。

成瀬本では、二人は騎馬して柵の前に位置し、鉄砲隊を指揮しているように描かれる。忠世は『三河物語』にあるように、「金のあげは《（揚羽）》のてう《（蝶）》のは《（羽）》」の指物を指し、忠佐は「あさぎ《（浅黄）》のこくもち《（黒餅）》」を示すのか、金色の丸い形をした指物を指している。

ただ『三河物語』にあるように、兄弟は膏薬《こうやく》のように敵軍に貼りつき、駆け引き自在の働きをみせていた。『四戦紀聞』でも、「騎士を率して進み出」、山県昌景隊に鉄砲を放ったとある。下絵ではその様子だろうか、織田・徳川軍のなかでも大久保兄弟が突出して武田軍と戦

っている様子を描いている。

さらに、長篠城のまわりを流れる川のなかで相まみえている二人の武士に注目したい。下絵の第二幅中央部にそれは描かれている。右の騎馬武者が鑓で左の武士の肩先を突き、血が流れている。騎馬武者は紅白横縞《よこじま》の指物を指している。紅白縞の武士の上に「松井シウシ《（従士）》尾崎半兵衛」と貼札がある（図21）。興味深いのは、この場面の別案とおぼしき絵が左上に貼付《てんぷ》されていることである。その別案は、双方が騎馬し、右の紅白縞の指物の武士が、

図21　最初に描かれた尾崎半平の武功。「長篠合戦図屏風下絵」第二幅（部分）。東京国立博物館所蔵。ColBase（https://colbase.nich.go.jp/）より

図22　描き直された尾崎半平の武功。「長篠合戦図屏風下絵」第二幅（部分）。東京国立博物館所蔵。ColBase（https://colbase.nich.go.jp/）より

図23　長篠城前の橋での戦闘場面。「長篠合戦図屏風」第一扇（部分）。犬山城白帝文庫所蔵

鐙で相手の喉元《のどもと》を突き、相手が馬上でのけ反っている、まことに動きのある絵である（図22）。

尾崎半兵衛、おぼえておいでだろうか。前節（一八五頁）において「武田氏の騎馬武者一騎が川を渡ってくるのを迎え撃ち殺害した」と『武徳大成記』に武功が記されていると紹介した尾崎定正（半平）のことである。まさにその場面を図像化しているものと思われる。

彼は、この下絵のもとになった成瀬本には描かれているのだろうか。長篠城周辺で紅白縞の武士を探すと、城から対岸に渡る橋の上で川中の武士の首筋に鐙を突き立てている人物がいる（図23）。下絵で肩先を突いている図様と似ている。ただし貼札はない。

下絵に至る図像化の流れは以下のように推測できるだろう。成瀬本にみえる橋上で格闘する二人を、『武徳大成記』にある尾崎半平の川中での場面とみなし、紅白縞の武士を騎馬させてまず下絵を描いた。ただし『武徳大成記』では、半平の相手も騎馬武者と書いてあるので、二人とも騎馬させ、川中での戦いとしてより動きのある姿で描き直させた。

もとより成瀬本が成立した段階で、この紅白縞の武士が尾崎半平であるという認識はあったのかもしれないが、貼札はないから真相はわからない。これに半平の名を付し、『武徳大成記』に記されるような場面に描き変えたのである。下絵を描くさい『武徳大成記』が参考とされていたことはすでに指摘があり、その具体例としてこの半平の事例が紹介されている（小口康仁「「長篠合戦図屛風」の展開」）。

誰を描いたのかわからない（あるいはわからなくなった）図様について、後世の史料の記事を当てはめて翻案して描き変えるという作業の具体的な流れがわかるのが、この尾崎半平の姿である。

あるいは先に推測した成瀬正一の場合も、半平と同様の考え方により、成瀬氏のもとで翻案されたのではないかと考えたくなる。

長篠屛風と鉄砲

ところで、下絵をみていて真っ先に目に入るのは〝煙〟である。成瀬本においても、鳶巣山砦攻めの場面では、火を放たれた砦とおぼしき建物が燃え、炎と黒煙が渦巻いている。下絵は全体に着色部分は少ないのだが、鳶巣山砦の炎上部分は赤い炎と黒煙、さらに飛び散る火の粉とおぼしき点々も描かれ、迫力を増している（第一・第二幅の下部）。

もう一箇所、下絵では、柵の後ろから織田・徳川軍が放つ鉄砲の筒先からあがる黒煙も印

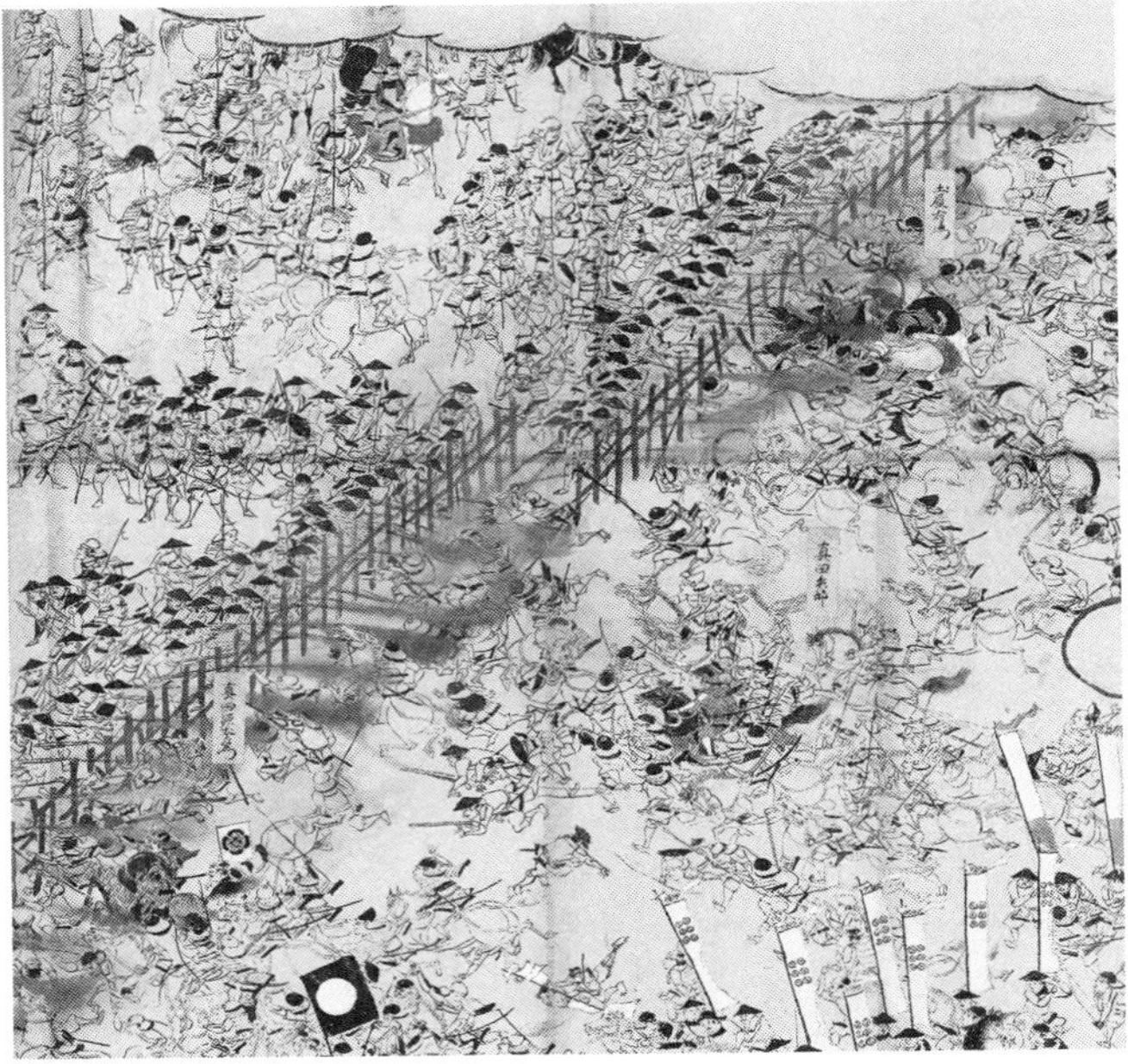

図24　織田軍の鉄砲射撃場面。「長篠合戦図屏風下絵」第五幅（部分）。東京国立博物館所蔵。ColBase（https://colbase.nich.go.jp/）より

象的である（図24）。もとになった成瀬本では、鉄砲からの煙は描かれていないから、「戦国合戦をより臨場感をもって表現しようとする趣向」（小口前掲論文）というべきである。

鉄砲からあがる煙については、成瀬本とおなじ祖本から制作されたと推測されている徳川本にも描かれている。成瀬本と同系統、もしくはその模本とされる作品中、黒煙を描いているものはなく、徳川本独自の描写である。

徳川本は、成瀬本に遅れ

て、同一の祖本から十八世紀には写されたと考えられる屛風である（薄田「長篠・長久手合戦図屛風再考　絵画史研究の視点から」・「合戦図　もののふたちの勇姿を描く」展図録）。初期戦国合戦図の雰囲気を残す成瀬本に対し、人物描写や景観描写に工夫をくわえた「次世代」の戦国合戦図に位置づけられる。煙の描写もそうした流れのなかに位置づけられようが、とりわけ鉄砲の煙という部分が強調されたのは注目に値する。

成瀬本に鉄砲の煙が描かれていないことから、祖本にも煙は描かれていなかったと推測される。そして徳川本制作の段階で、意識的に煙が描きくわえられたと考えられ、これは徳川本が制作された時期において、長篠合戦すなわち鉄砲という考え方が広まっていたことが影響しているのではないかと考えられるのである。

長篠屛風と鉄砲の関わりということでは、平戸藩主・松浦清《きよし》（静山《せいざん》）による成瀬本の模本制作について、興味深い記事がある。静山の随筆『甲子夜話《かっしやわ》』巻七十七のなかに、模本制作のいきさつについて記した一篇が収められている。

それによれば、「成瀬隼人正《はやとのかみ》の家に『長篠御合戦の古図』があると年来聞いていたが、ある日ちょうどいい機会があったので借覧を請うたところ、彼とは部屋住み時代からの知り合いだったため、快く貸与してくれた」（東洋文庫版『甲子夜話』5所収の本文を現代語訳した）として、静山のもとで成瀬本の模写がはじまった。貸し出されたのは副本のほうだと考えられ、模写されたものが、先に述べた松浦本として現存する。模写は文政八年（一八二五）から同十二年にかけてなされたとされている（高橋修『戦国合戦図屛風の歴史学』）。静山は模写現場に立ち会っており、そのさい次のような感想を漏らしている。

信長の先兵が、神祖（家康）の兵と並んで鳥銃《ちょうじゅう》（鉄砲）を放っている場面を描いている様子を詳しく観察すると、信長の兵は十人に一人か二人だが、神祖の兵は全員片眼をつぶって撃っている。それで思うのは、わが平戸藩士が鉄砲を撃つときは皆片眼であったことである。（砲術の）田付《たつけ》流では両眼を開けて撃っているので、わが藩の流儀は田舎《いなか》の旧風だと思って、田付流の射撃法に従わせた。ところが神祖のときはもっぱら片眼で撃つ射撃法であったことを知った。

もちろん静山は、このほかにも「勝頼敗軍して武田の部将数輩突戦討死の体」や「兵馬旌《せい》鼓《こ》の状」が、「実にその場の真を写するに足れり」として、当時目撃した人が描いたのではないかと推測しているが、右に引用した射撃をめぐる感想に多くの字数を費やしている。つまりは、長篠屛風をみるとき、静山は鉄砲を撃つ場面にとくに注目していたことがわかる。これもまた長篠合戦すなわち鉄砲という合戦像が静山の頭にあったように思うのである。

長篠屛風による合戦像の強調

本章では、第三章でたどってきた、江戸時代初期から中期にかけ成立した史料のなかでかたちづくられてきた長篠合戦の記述が、実際のいくさで手柄を挙げた武将の末裔の家で、どのような変容を遂げているのか、あるいは逆にそうした家で形成されてきた所伝がどのように取り入れられているのかをみてきた。

家々で集積された記事が系図や由緒書上のかたちで江戸幕府に提出され、幕府が編んだ史書に採録されて、それらの話が収められた軍記が板本にて刊行されるなどして普及したり、逆に見過ごされたりする話も存在した。そうした取捨選択が重なった果てに、多くの人の目に触れるような軍記が生まれる。本書ではそのひとつの帰結を『四戦紀聞』と推測した。

同書の内容や、これに先行する徳川創業史のひとつ『武徳大成記』の記述も取り入れられ、長篠屛風が成立する。そうして描かれた長篠屛風もまた、模写をくりかえす過程で、その都度長篠合戦に対する当時の人びとの認識が流れこみ、鉄砲が強調される図像が登場する。

文字による文献史料と異なり、屛風という絵画史料だから、これにより一気に多くの人に共通する長篠合戦像ができあがったかといえば、かならずしもそうではない。そもそも屛風は、大名家や地域の名望家など、ある程度の財力を持つ立場の者が制作するような調度品であり、それをみることができる人も限られていただろうからだ。

だから、長篠屛風は、それぞれの作品が制作された時代における長篠合戦像の表象として重要ではあるが、そこからその歴史像の流布や一般化には直結しないのである。

長篠屏風に描かれるようないくさの様子が多くの人に共有されるのは、近代を待たなければならない。ただし第一章でみたように、やはり当初は文字で普及した。『信長記』は明治の早い段階で印刷刊行されたが、普及したのは陸軍参謀本部の『日本戦史』や徳富蘇峰の『近世日本国民史』ということになるだろう。

それらの歴史書に依拠して、長篠合戦を叙述する歴史小説が登場し、いっそう一般社会に普及する。そんな〝旧来の長篠合戦像〟を図像的にあらわすのが、教科書に採用された長篠屏風である。どの教科書も、鉄砲の煙が印象的な徳川本の図像を掲載していることは象徴的である。長篠合戦すなわち鉄砲のいくさであることを目でみてわかるようにするためには、雰囲気がよく伝わるような屏風のほうがいい。かくして絵画という媒体でも、長篠合戦に鉄砲が重要な役割を果たしたことが強調され、その知識が共有される。

黒澤明監督の映画『影武者』はその歴史像が行き着いた場所ということになるだろうか。巨匠が描く壮大な場面によって合戦像がさらに再生産され、これまでの長篠合戦像が受け継がれてきたのである。

終章　刷新された長篠合戦像

天正三年の信長の戦略

天正三年（一五七五）二月末、三河の長篠城を守るため、徳川家康は奥平《おくだいら》信昌を送りこんだ。奥平氏はこれまで、奥三河の国衆「山家三方衆《やまがさんぽうしゅう》」の一人として武田氏に従属していたが、信昌は前々年の八月、父定能とともに武田氏を離れ、徳川氏と手をむすんでいた。

元亀三年（一五七二）の十二月にあった三方原合戦に勝利して三河へと侵入した武田軍であったが、武田信玄の病により撤兵を余儀なくされ、領国に引き返す途次信玄は病没していた。信昌が長篠城に入ったのは、徳川氏が、信玄没後に武田方の同城を攻撃して陥落させることに成功してから、一年半近くが過ぎた頃だった。

長篠城を手に入れたはいいものの、徳川氏の領国は依然として武田氏の強い圧迫を受けていた。遠江や三河の北部はほぼ武田氏の支配下に入っていたのである。そのうえ天正二年

（一五七四）には、徳川方であった遠江高天神城《たかてんじん》まで武田氏の手に落ちていた。いっぽうで、家康と同盟をむすぶ織田信長の領国も楽観視できる状態ではなかった。おなじ天正二年の一月から二月にかけ、信玄の跡を継いだ武田勝頼の軍勢が東美濃に侵入し、明知城を落とすことに成功していたのである。

しかしこのときの信長の敵は武田氏だけではなかった。元亀四年（一五七三）七月に改元して天正元年）、室町将軍足利義昭が、周辺の大名たちに呼びかけて信長に対し挙兵したものの失敗し、義昭は京都から退去することとなり、直後に朝倉氏・浅井氏が信長により滅ぼされた。しかし義昭とともに信長に敵対していた勢力が、武田氏のほかにも畿内にあった。それは大坂本願寺である。

天正二年（一五七四）において、信長の目は、彼ら大坂本願寺と、本願寺門徒の集団である一向一揆に向いていた。信長は、将軍不在の畿内（天下）の安定を担う立場となったので、その空間を脅かす勢力の掃討を目標にしていたと思われる。これにより九月には伊勢長島の一向一揆が徹底的に殲滅《せんめつ》されるに至った。

天正三年に入っても、信長の目は本願寺をみすえていた。長篠城に奥平信昌が入った前後、信長は家康に対して、武田氏の支配領域と接する城々に蓄えるための兵粮二千俵を送った。自身が本願寺を攻撃しているあいだ、武田氏が背後から脅かしてくることを防いでほしいというのが、信長の家康に対する期待だったとみられる。家康もこれに応じ、長篠城に三百俵の米を入れた。信昌を城将として配置したのも守備の強化が目的だったと思われる。

武田勝頼の三河侵入

信長は天正三年（一五七五）三月三日に上洛し、その直後の四月初旬に、本願寺を攻めるため河内・摂津に出陣することを配下の諸将に伝えている。京都の人びとの目をみはらせるような大軍で信長は四月六日に京都から出発し、河内に入って、本願寺に味方する三好康長の籠もる高屋城を攻撃し、さらに本願寺近くまで進軍して周辺の刈田をおこなった。

信長の河内出陣計画は、命令が出されてまもなく武田方に伝わったらしい。勝頼は、この機を逃さず、ふたたび三河への侵入を開始する。本願寺方には、信長が出陣したので、その後方支援のためだという理由を語っているが、実は侵入の動機はほかにも存在した。

徳川氏の岡崎奉行であった大岡弥四郎が武田氏に内通し、武田氏の出陣に呼応して徳川氏から離反し、岡崎に武田軍を引き入れるという謀叛を企てたのである。しかしこの謀叛は仲間の密告により未遂に終わった。ここ数年武田氏の強い圧迫を受けていた状況下、徳川氏内部で武田方とむすぼうとする勢力があらわれたことは注目される。

信濃から三河に入り、四月中旬に足助《あすけ》城を攻略して、そのまま岡崎に進む予定だったと思われる武田軍は、謀叛の失敗によって進軍径路の変更を余儀なくされた。勝頼が向かったのは、前々年父信玄も攻撃をおこない、いったんは陥落させた野田城であり、その先の吉田城であった。

吉田城は東三河を統括する酒井忠次の居城であり、この地域の要《かなめ》であった。武田軍の侵入を受け家康は、浜松城から吉田城に入っていたものの、武田軍との圧倒的な兵力差もあり、いったんは城外に出て迎撃したものの、すぐに押し戻され、城に籠もるしかなかった。四月二十九日のことである。

ところが勝頼はこれ以上吉田城を攻撃することはせず、翌々日の五月一日、兵を北に向け、前々年に奪われた長篠城を包囲した。「ひと働き」という言葉が書状にあるため、長篠城を落としたらこのときの作戦を終了し、引きあげるつもりだったのではないだろうか。しかし勝頼の予想に反して、わずか数百人という軍勢によって守られた長篠城は、天然の要害ということもあり、容易に落ちなかったのである。

武田軍の三河侵入以降、家康から信長に対し、何度か援軍を請う使者が派遣されたようである。それは本願寺攻撃中の信長の耳に届いたと思われ、信長は四月二十一日に京都に戻った。もっとも信長はこの年の秋に本願寺を攻撃するための準備を進めていたので、四月の軍事行動は、それを円滑に遂行するための準備的かつ示威的なものであったと推測され、二十一日に京都に戻ったのは予定された行動であった可能性もある。

五月二十一日の決戦

四月二十八日に岐阜に戻った信長は、五月十三日に出発し、翌日岡崎に入り家康と合流した。そのあと長篠城内から派遣された、城の危急を伝え来援を乞う鳥居強右衛門が岡崎に到着している。

五月十六日に東三河の牛久保城に入った信長に対し家康は、この前後に酒井忠次から二男（のちの本多康俊）を人質に出させている。信長はこの時点でなお、東三河衆、ひいては徳川氏の離反を警戒していたようである。

十八日に信長は設楽郷の極楽寺山に、家康は高松山に布陣した。織田・徳川軍は、自軍の前に柵を構えるなど、「陣城」と表現されるような防御施設を構築した。このときの信長の頭には、秋以降に予定する本願寺攻めがなお存したと思われ、ここで武田方と戦うことがあっても、兵を一人も失いたくないという考えがあった。そのための徹底した防御の構えであった。

五月一日から長篠城の包囲をつづけていた勝頼の耳に、信長と家康が設楽郷まで進出して布陣したという情報が入った。しかも十八日にすでに到着しているにもかかわらず、そこから動いていないという。勝頼は、相手が手立てを失い、これ以上どうしてよいかわからない状況にあるとみた。そして敵を討つのはいまが絶好の機会であると判断し、二十日、長篠城包囲に一部の兵を残し、大半の軍勢を西の有海原まで動かし、谷を隔てて織田・徳川軍と向きあった。

武田軍が谷の向こうの台地に布陣した様子をみた信長は、酒井忠次の献策を受けて別働隊を編制し、彼らに対して、南から迂回し、長篠城を包囲するため武田軍が拠っていた付城《つけじろ》のひとつ鳶《とびの》巣山《すやま》砦を奇襲するように命じた。忠次以下徳川氏の東三河衆を中心として編制された強力な別働隊は、二十日の夜に有海原の陣所を出立した。

二十一日の早朝、別働隊による鳶巣山砦攻撃が開始された。不意を突かれた守兵は必死に防戦し、一進一退をくりかえしていたが、援軍の到着を知った長篠城の兵たちも城外に出て別働隊とともに包囲軍を攻撃したこともあり、包囲軍は崩壊した。

背後に敵兵を持つことになった有海原の武田軍は、これによって前後を挟まれた格好となり、西の織田・徳川軍に向かって前進して攻撃せざるをえなくなる。ところが連吾川を挟んだこの地はぬかるんだ場所で、騎馬を並べて前進できる場所がかぎられていたため、一部の者は馬を下り、武田軍は一隊ごとに攻撃をおこなうほかはなかった。

いっぽうの織田・徳川軍は柵の内側に籠もり、足軽兵を出すのみであった。足軽兵は前進して武田軍に近づき、柵の前まで後退しながら武田軍を引きつけた。足軽兵を追い柵に近づいた武田軍に、柵の内側からおびただしく鉄砲（挺数は千挺から三千挺ほど）が放たれ、これに撃たれる兵が続出した。徳川軍では大久保忠世・忠佐兄弟が、このいくさが三河本国でなされることもあり、徳川氏の名誉を守るため、先鋒を志願した。彼らは武田軍のなかに突入して柵近くまで相手を引きつけ、ここでも多くの鉄砲により相手に大きな損害を与え、山県昌景もそのさい討死する。

あたかも城攻めであるかのように相手の陣所に向かって波状攻撃を仕掛けるものの、その都度鉄砲で撃退されることをくりかえし、武田軍の損害は増す一方であった。勝頼はここで撤退を決断し、戦場を離脱して北へ向かう。この時点で織田・徳川軍も柵から出て追撃をはじめ、川に漂う死者が多数出るほどの戦果を挙げた。

敗走する武田軍に対し、鳶巣山砦を攻撃した別働隊が迎え撃ち、このなかで松平伊忠が討死している。また敗走する勝頼を追撃する兵に備え、馬場信春と内藤昌秀が残ってこれと戦い、やはり討死した。

＊

本書においてここまで、長篠合戦に至る流れをふまえ、合戦について語る史料をひとつひとつ読み、それぞれの成立背景や相互の関係などを調べていったすえにたどり着いた、長篠合戦の〝実像〟は、以上のとおりである。

天正三年（一五七五）五月二十一日に起きたできごとがあり、それを報じた文書や情報を書きとめた日記などが残されている。また後世において、その様子を記す記録がおびただしくつくられ、これまでのわたしたちの長篠合戦像をつくってきた。それがどんな史料であるのかは、とくに第三章・第四章で詳しくみてきた。

長篠合戦後の家康・信長

長篠合戦の勝利を受け、家康・信長の立場にどのような変化があったのだろうか。

まず家康は、遠江・三河の北部が武田氏から圧迫されていたが、単純にいえばそれから解放された。手の中で強く握ったゴム鞠《まり》が、開いたときに反動で飛び出てくるように、武田氏の支配地域に対する反転攻勢に出た。

三河については第四章において奥平氏の武功について述べたときに触れたが、奥三河は長篠合戦により武田氏の勢力をほぼ駆逐し、奥平氏が支配することとなった。

六月初めには遠江二俣城の攻撃を開始し(『家忠日記増補追加』は六月二日とする)、さらにその北に位置する光明《こうみょう》城・犬居《いぬい》城(いずれも静岡県浜松市)も攻撃する。二俣城が落ちるのは十二月であるが、光明城は六月下旬には陥落した(『孕石文書』)。

東の方面は、武田領国の駿河にまで進出してところどころに火を放った(『信長記』)ほか、七月には武田方の諏訪原《すわはら》城(同島田市)を取り囲み、八月に陥落させた。九月にはそこからさらに東の、駿河に近い小山《こやま》城(同吉田町)へと進出するものの、同城をすぐに落とすことまではできなかった。高天神城こそいまだ武田方によって押さえられていたが、武田氏による脅威は大きく取り除かれたのではないかと考える。

また信長も、東美濃の岩村城(岐阜県恵那市)を攻撃するため、嫡男信忠や佐久間信盛らの部隊を差し向けた。岩村城は武田氏の宿老秋山虎繁《あきやまとらしげ》が城将として守っており、同城もこの

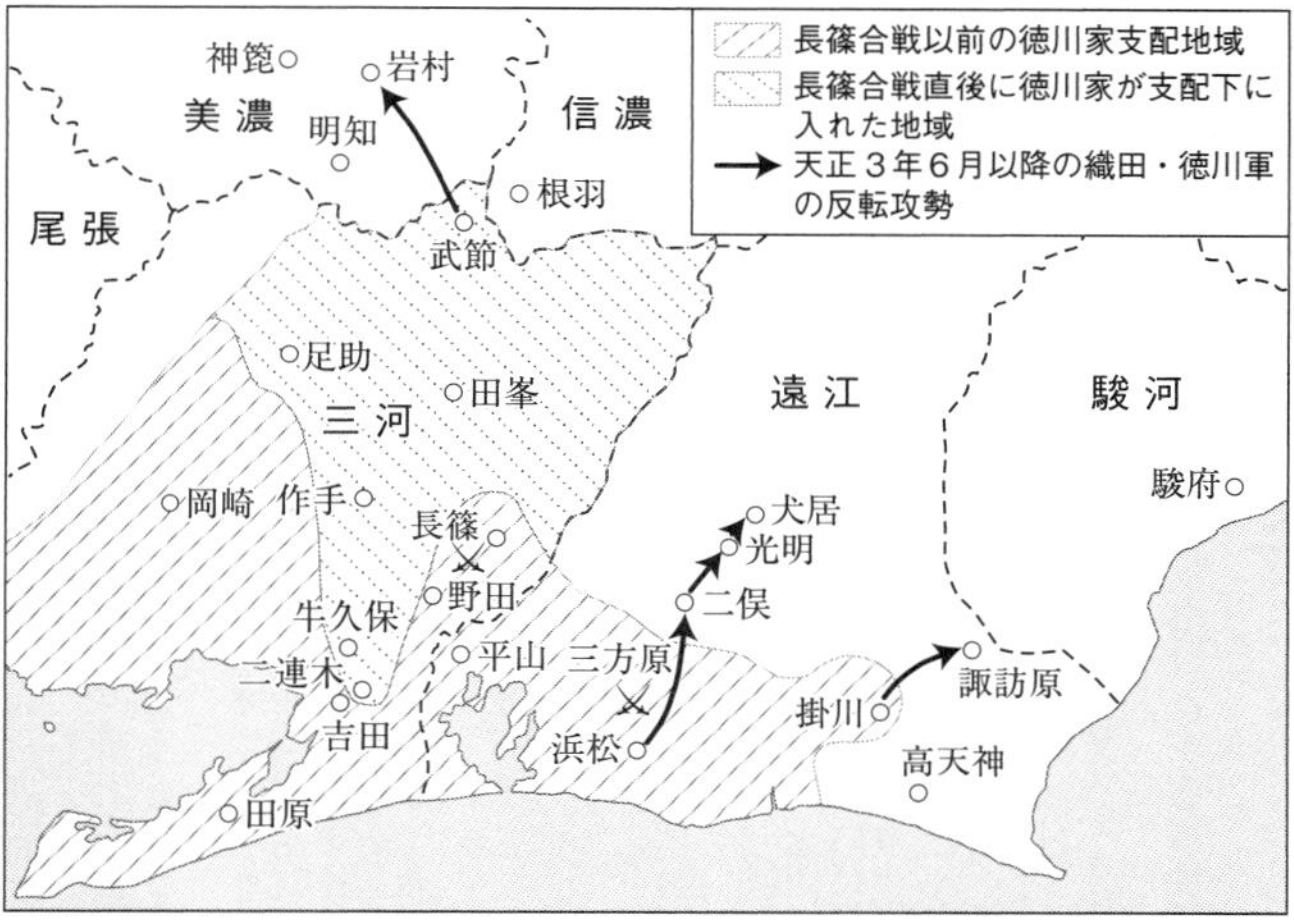

図25　長篠合戦後、天正３年８月頃までの織田・徳川軍の反転攻勢。黒田基樹『家康の正妻築山殿』所載の図を参考に作成

年十一月に陥落する。東美濃も武田氏から奪うことに成功した。

信長率いる織田軍の本隊は、長篠へはどうやら十分な兵粮を持ってきていなかったらしく、いったん岐阜に帰っている（『編年文書』）。このことからも、このときの徳川氏支援が長期化するような見通しを持っていなかったことがわかる。

先述のように、信長はこの年の秋に本格的な本願寺攻めを計画していた（詳しくは七九頁参照）。しかし思わぬなりゆきから長篠合戦に勝利したことにより、方針を変更し、本願寺攻めをあと回しにしたとみられる。

というのも、本願寺攻めの主力となったであろう明智光秀が、六月初旬に丹波国に入り、同国内の勢力を従属させるための調略に着手したからである（『記録御用所本古文書』）。ところがこの調略は不調に終わった。なお国衆の内藤《ないとう》氏や宇津《うつ》氏が従わなかったため、光秀を大将とした丹波攻めが開始されることになる（『小畠《こばたけ》文書』など）。

丹波調略は、もともとこの時期には計画されていなかったのではあるまいか。六月初旬という時機を考えると、長篠合戦勝利を受けての行動である可能性が高い。丹波は足利義昭とむすぶ宇津氏らの国衆が信長に抵抗しており、義昭を核とした反信長勢力が何らかの行動を起こすような芽を摘むための作戦ではないかと考える（拙著『信長家臣明智光秀』）。

信長自身も、次のねらいを越前の一向一揆に変えている。合戦の十日後にあたる六月二日に「近日越前に至り出馬」することを告げ（『郷浩氏所蔵文書』）、そのために越前国内の協力者を取りつけるための工作をおこなっている（『誠照寺《じょうしょうじ》文書』）。侵入したのは八月である。

越前は、前々年に朝倉氏を滅ぼしたあと、国内の混乱から一向一揆勢に奪われていた地域であった。丹波同様、畿内周辺の反信長勢力をまず一掃することにして、本丸である大坂本願寺を最後に攻撃する、という心づもりだったのではないだろうか。

八月中に越前一向一揆を殲滅した信長は、十月に本願寺と和睦した。もっとも信長はこれを「赦免」と表現する（拙稿「長篠の戦い後の織田信長と本願寺」）。本願寺とは戦わずに済んだのである。また、信忠を大将とする軍勢が岩村城を陥落させ、彼らは十一月二十四日に岐阜に帰ってきた（『信長記』）。

こうした状況を受け、十一月二十八日、信長は嫡男信忠に織田家の家督と岐阜城を譲り、翌年一月から安土城の築城を開始する（『信長記』）。このときの信長の認識は、「天下安治」が目前であるというもので（『小笠原系図所収文書』）、その時点では、敵とみなしつづけた武田氏を討つこと以外は、これ以上勢力を拡大しようとまでは考えていなかったと思われる（拙著『織田信長〈天下人〉の実像』）。

分裂しかかっていたかもしれない徳川氏内部、また決裂しかかっていたかもしれない織田・徳川同盟は、長篠合戦により深刻な危機から脱した。信長の「天下人」としての動きにも大きな影響をもたらした。

天正四年（一五七六）になると本願寺がふたたび信長に敵対し、さらに毛利氏や上杉氏も敵対するといった状況に陥るが、それはまた別の話である。

徳川史観と信長英雄史観

家康により江戸幕府が開創され、彼の後裔が全国を支配する正統性を主張するために、いわゆる徳川創業史と称される史書がくりかえし編まれてきた（平野仁也『江戸幕府の歴史編纂事業と創業史』）。これら創業史によって定着した「歴史」が浸透した結果、家康や、家康が任じられた征夷大将軍職を神聖化・絶対化するような考え方が根づき、この考え方は幕府が瓦解《がかい》したあともなお近代人の歴史に対する見方に影響を及ぼしている。

こうした家康や将軍職の神聖化・絶対化の思想は「徳川史観」と呼ばれ、その考え方によって歴史が解釈されてゆく過程が明らかにされている（堀新「徳川史観と織豊期政治史」）。実際にあったことが、徳川氏にとり都合のいいように歪《ゆが》められ、わたしたちにはみえにくくなってしまっていた。

長篠合戦は、ここまでみてきたように、その代表的な歴史的できごとのように思われる。江戸時代に入ってからおびただしくつくられた史料により、このいくさが〝徳川の戦い〟であったことが語られ、綴《つづ》られてきた。けれども、長篠合戦が乾坤一擲《けんこんいってき》の〝徳川の戦い〟であったこと自体は、「徳川史観」による歪みでも何でもなく、事実に近かったのではないかと思われる。これは本書をここまで読んでいただいた方にはおわかりだろう。

面白い（というと語弊があるが）のは、〝徳川の戦い〟であるはずの長篠合戦の物語が伝えられてくる過程で変容してきた鉄砲をめぐる言説が、当の江戸時代のなかで大きく強調されるようになり、近代に入ってそれが信長による〝革新的戦術〟だと位置づけられたことで、逆に長篠合戦を覆う「徳川史観」が希薄化してしまったことである。

これは、織田信長という人物を、乱れた戦国の世を特異な個性と天才的な軍事感覚によって統一にみちびいた〝英雄〟とみなすような考え方が背景にあると思われる。この考え方は、「徳川史観」に対して〝信長英雄史観〟とでも呼べるだろうか。以前わたしは、信長が足利義昭とともに上洛した時点が信長の「統一事業」の出発点であったとみなすような考え方を

『信長記』史観」と呼んだことがある（拙稿「近代歴史学における織田信長像」）。このような信長像は、様々な媒体によっていまに至るまで連綿と再生産されていることは周知のとおりである。

信長英雄史観でも『信長記』史観でもどちらでもよいのだが、長篠合戦は、こうした考え方が「徳川史観」による歴史像をすっかり上書きしてしまっためずらしい事例なのではないだろうか。本書は、「徳川史観」と信長英雄史観というふたつの厚い皮膜について、それぞれがどんな成り立ちでできあがってきたのかをたしかめながら慎重に剝がし、それらに包まれていた長篠合戦というできごとが実際どのようないくさであったのかを知ろうとした試みであった。

人間一人一人の活動の総体として、過去に様々なできごとが起こった。乱暴にいえば、それを言葉によって表現したのが歴史である。歴史が編まれる過程で、あるできごとがくわえられたりそぎ落とされたりする。また語り手（歴史の編み手）お気に入りのできごとがくりかえし語られるなかで、それが洗練され、ある種の〝芸〟と化す。そうなるとそのあとは自由気ままに表現が飛躍し、いつのまにかもとの話からかけ離れてしまっていることだって起こりうる。

いや実際そういうできごとが多いのだと思う。その代表的な例が長篠合戦なのである。

あとがき

長篠合戦を研究対象（仕事）として意識したのは、いまから二十三年前の二〇〇〇年のことである。

わたしは一九九八年に東京大学史料編纂所に助手として採用され、それまでの研究生活においてほとんど接点がなかった時代の史料編纂（『大日本史料』第十編）を担当することになった。

『大日本史料』とは、史料編纂所が編纂・刊行する編年史料集である。これは、何年何月何日にどのようなできごとがあったのかを、時間順に、典拠となる史料を収録して示す体裁の史料集である。一八六九年（明治二）、明治天皇が三条実美《さんじょうさねとみ》に修史事業の総裁となることを命じ、史料編輯《しりょうへんしゅう》国史校正局が設置されて明治国家の修史事業が始まった。その後この事業は一八八八年に帝国大学（東京大学の前身）に移管され、一八九五年に帝国大学文科大学に史料編纂掛《へんさんがかり》が設置されて、一九〇一年に『大日本史料』および『大日本古文書』が発刊された。これらの事業は史料編纂所の本務として現在も継続中である。

『大日本史料』の場合、現在では古代から近世初期までを十二の時期（編）に分け、各編単位で数年ごとに史料集を出している。また、これらの成果はデータベースによっても積極的に公開しているので、日本の歴史を調べたいと思った方は史料編纂所のホームページからぜひご利用いただきたい。

わたしが所属する第十編は、織田信長が足利義昭とともに上洛した永禄十一年（一五六八）から、彼が本能寺の変で没する天正十年（一五八二）までの足かけ十五年間を担当する。いわゆる〝織田信長の時代（安土時代）〟である。一九二八（昭和三）に刊行を開始し、先年長篠合戦当日、天正三年五月二十一日の史料を収めた第三十冊を刊行した。年数的には、ほぼ折り返し点まで来たという段階であろうか。いまの世の中悠長なことをいうのは憚《はばか》られるのだが、十編以外の編も含め、完結までにはまだまだ相当の年数を要する、すこぶる息の長い事業である。

さて、二〇〇〇年の話に戻る。この時代に関する研究経験がほぼゼロの状態から出発して三年目に入ったばかりの頃であった。経験が浅い立場にもかかわらず、担当書目に関する向こう二十年の「長期計画」を立てる機会が訪れた。そのとき作った「長期計画」がPCのなかにある。

いまそれをみると、長篠合戦当日の史料を収めた冊を、二〇一七年度刊行予定の第十編之二十九としている。ただしそれ以前から合戦に帰結することになる動きがあるため、その前の冊である第二十八冊までには合戦に関わる史料収集・考証を終える必要があるとし、そのための調査を二〇〇九年頃から開始したいと記している。長篠合戦を意識したのがこのときであった。

けれども、二〇〇〇年当時まだ三十歳を少し過ぎたばかりの自分にとって、二〇〇九年は先のことであって、それまでにやるべき仕事は目の前に積まれていた。まして二〇一七年などはるか先の未来でしかなく、ほとんど現実味がなかった（そのとき生きているのかすら予想できずにいた）。長篠合戦についても、当時は、本書で紹介した一般的な合戦像程度の知識しかなかったことを正直に告白しておく。

この間、諸般の事情で途中一冊増え、刊行年度も延びた結果、前述した長篠合戦当日の史料を収めた『大日本史料』第十編之三十の刊行に漕《こ》ぎつけたのは、二〇二一年一〇月のこと。計画を立ててから二十年余があっという間に過ぎたわけである。冊次や刊行年の変更があったとはいえ、ある程度計画どおり進めてこられたのは奇跡のように思える。

編纂・研究の推進にとって大きかったのは、史料編纂所が文部科学省から「共同利用・共同研究拠点」（「日本史史料の研究資源化に関する研究拠点」）に認定され、二〇一〇年度からその活動を開始したことである（現在も継続中）。研究を進めるために設けたふたつの柱のひとつである特定共同研究は、五つの研究領域に分かれる。そのうち「複合史料領域」の代表者となり、長篠合戦を主題に研究調査を進めることを委ねられた。

特定共同研究とは、史料編纂所に所属しない研究者と所内の教職員が協力して史料の調査研究を進め、その研究資源化をおこなうものであり、複合史料領域とは、文献以外の史料も視野に含めて研究をおこなう主題を意識していた。長篠合戦図屏風の研究も不可欠と考えていたから、この領域はうってつけのものであった。ここで実質八年間（第一次六年・第二次二年）にわたり大切な研究経費を預かり、安定して調査研究を進めることができたのは幸いだった。

ここで長篠合戦に関心を持つ多くの研究者の参加を得たことは大きかった。日本史も中世史や近世史にわたり、それにかぎらず、日本文学や美術史の研究者、博物館や資料館に所属する研究者など多様な立場の方々の参加を得て、研究を進めるなかで自分自身様々な知見を与えられ、刺激を受けた。所内でも、部門や担当書目の垣根を越え、多数の同僚の参加も得た。それぞれご自身の担当書目がありながら、長篠合戦に関わる調査研究にも貴重な時間を割いて快く協力してくださったことは、とてもありがたかった。

このような研究仲間（と書かせていただく）と一緒に、長篠合戦に関わる史料を所蔵する場所に赴き、大勢であれこれいいながら史料をみて記録をとり、写真撮影を進めた。空いた時間には周辺の旧跡を訪ねまわり、夜は愉しくお酒を飲んだ。得がたい体験であった。

特定共同研究と並行して科学研究費補助金（以下科研と略記）も獲得し（「中世における合

戦の記憶をめぐる総合的研究―長篠の戦いを中心に―」、課題番号24320123)、また、所内では合戦図屛風の調査に的を絞った画像史料解析センターの研究(長篠合戦図屛風プロジェクト)も認めていただき、あわせて調査を進めることができた。それだけでなく、わたしの科研の終了後は、同室で一緒に『大日本史料』第十編の編纂を担当する黒嶋敏さんが代表者を務めた科研「戦国時代における「大敗」の心性史的研究」(課題番号15K02827)が研究をつないでくださった。

黒嶋さんには、第二次の特定共同研究の最後の一年だけ代表者を務めていただいたことで、長篠合戦に関わる共同研究の幕引きをお願いすることになってしまい、ご苦労をおかけした。そもそも二〇〇〇年の「長期計画」は、入ったばかりの一年目の黒嶋さんと相談して作ったものであり、史料の編纂も一緒に進めてきただけでなく、長篠合戦に関わる調査のさいは事務的な仕事も引き受けてくださるなど、黒嶋さんには最大の謝辞を贈らなければならない。本書の内容の面でも、先に黒嶋さんが出されたご著書での成果を学んだ。あらためて感謝申し上げる。

このように、長篠合戦に関わる史料の調査収集のさいには、共同研究にご参加くださった研究者の方々、また所内の同僚にたいへんお世話になった。そのうえ、調査に訪れた調査先の史料所蔵機関・所蔵者の方からも多大なるご高配を得た。あまりに多くの方々のお世話になったので、個々のお名前を挙げることはできないが、ここで重ねて感謝申し上げる。

本書はわたしの長篠合戦研究の総決算を意図したものであるが、執筆の過程では、当然ながら引用したような多くのすぐれた研究の成果を参照した。自分の頭のなかで先行研究の整理がうまくできず、成果を消化できないまま、すでに論じられていることをくりかえしただけにすぎない部分も多くあるように思われ、おそれている。失礼の段があったら、この場をお借りしてお詫び申し上げたい。

現在わたしが参加している科研「戦国軍記・合戦図の史料学的研究」(課題番号20H00031)、およびその前身の科研「戦国軍記・合戦図屏風と古文書・古記録をめぐる学際的研究」(同16H03480)では、合戦図屏風と文献史料の関係について強く意識させられる機会が多く、調査や研究会に参加するたび刺激を受けている。研究代表者である堀新さん、また井上泰至さんや黒田智さんほか、科研に参加されている皆さまにも感謝申し上げる。本書のとりわけ第三章・第四章はこれら科研の成果でもある。

長篠合戦の研究に先がけて取り組んだ『信長記』の科研で知り合った和田裕弘さんが、中央公論新社の並木光晴さんにわたしをご紹介くださったことから、本書が生まれた。並木さんは織田信長の研究を牽引している谷口克広さんや和田さんのご著書を担当されていた。テーマ選定に始まり、本書の構成から内容に至るまで、並木さんのご助言なしには完成できなかった。また、校閲の方々にも自分の誤記を丁寧に直していただいたこともありがたい。

自分のなかでは、これでようやく長篠合戦研究にひと区切りついたので、後ろをふりかえらずに次の研究課題へと向かって進んでゆけるような気がしている。

長篠合戦の新たな見方を本書がうまく提示できているかどうか。「いまさら」ということも多いに違いない。いっぽうで、「実はそうだったのか」と新鮮な驚きをおぼえてくださることがひとつでもあったら嬉しい。

二〇二三年九月

金子　拓

典拠史料・参考文献

■典拠史料

・本文において言及した順に並べた。
・刊本（活字本）、『大日本史料』第十編掲載史料は原則として省略したが（東京大学史料編纂所「大日本史料総合データベース」「日本古文書ユニオンカタログデータベース」などを検索していただきたい）、掲載史料や、ほかに刊本（活字翻刻）があるものでもとくに注記が必要と判断したものは記した。活字刊本の情報は次の参考文献中にまとめている。
・影・謄・写・マ・Hとあるのは、それぞれ東京大学史料編纂所架蔵影写本・謄写本・写真帳・マイクロフィルム、および東京大学史料編纂所 Hi-CAT Plus（史料編纂所閲覧室端末にて閲覧可）を指す。必要に応じて原本所蔵先の情報もくわえた。
・前の章までに既出のものは省略した。

○第二章
『松平奥平家古文書写』（東京大学総合図書館、中津城所蔵）
『信長記』（岡山大学池田家文庫等刊行会編影印本、福武書店）
『武田勝頼書状』（影・田中義成氏所蔵）
『御家譜編年叢林』（H・中津市歴史博物館所蔵）
『武田勝頼書状』（東京大学史料編纂所所蔵）

『西本願寺文書』（東京国立博物館「西本願寺展」図録、二〇〇三年）
『信長公記』（H・建勲神社所蔵）
「参河国長篠合戦絵図」（東北大学附属図書館狩野文庫所蔵）
『四戦紀聞（参州長篠戦記）』（国立公文書館内閣文庫所蔵）
『甫庵信長記』古活字本（早稲田大学中央図書館所蔵）

○第三章

『賀茂別雷神社文書』（H・賀茂別雷神社所蔵）
『編年文書』（米沢市上杉博物館所蔵）
『系譜書上控』『深溝世紀』『五明録』（H・島原図書館松平文庫所蔵）
『形原松平記』（『愛知県史　資料編14』所収）
『増補信長記』（島原図書館松平文庫所蔵）
『家忠日記増補追加』（東京大学史料編纂所所蔵写本『家忠日記増補』、島原図書館松平文庫所蔵）
「一智公御世紀」（H・致道博物館所蔵）

○第四章

『柏崎物語』（国立公文書館内閣文庫所蔵）
『御系譜参考』（H・致道博物館所蔵）
『有象列仙全伝』（国立国会図書館所蔵）
『旧忍藩士従先祖之勤書』（行田市郷土博物館所蔵）
『御家中系図享保七年改』『御家中先祖書』『御家中系図嘉永三年改』（中津市歴史博物館所蔵）
『奥平家譜』『御家刀剣録幷附録』『奥平家世譜』（H・中津城所蔵）
『見向様御家中走廻之覚』『貞享年中家中之内拾六人先祖武功書出』（榊原家所蔵・公益財団法人旧高田藩和親会管理榊原家史料）

『先祖由緒書（本多家）』（国立歴史民俗博物館所蔵）
○終　章
『孕石文書』（H・太陽コレクション所蔵）
『小畠文書』（影、H・大阪青山歴史文学博物館所蔵、亀岡市文化資料館「丹波決戦と本能寺の変」展図録）
『小笠原系図所収文書』（H・唐津市所蔵）

■参考文献

・著者・編者の五十音順に並べた。著者・編者名のないものは書名により収めた。
・刊本史料集・自治体史・教科書類は書名の五十音順に並べた。

著書・論文

有馬成甫「甲陽軍鑑と甲州流兵法」（石岡久夫編集・有馬成甫監修『日本兵法全集1　甲州流兵法』人物往来社、一九六七年）
石岡久夫『兵法者の生活』雄山閣出版、一九八一年
磯田道史『殿様の通信簿』新潮文庫（新潮社）、二〇〇八年（元版二〇〇六年）
井上泰至『サムライの書斎　江戸武家文人列伝』ぺりかん社、二〇〇七年
井上泰至「近代軍隊の戦史への影響」（井上泰至・湯浅佳子編『関ヶ原合戦を読む　慶長軍記翻刻・解説』勉誠出版、二〇一九年）
井上泰至「戦国合戦図屏風と軍記・合戦図――長篠合戦図屏風を例に」（中根千絵・薄田大輔編『合戦図　描かれた〈武〉』勉誠出版、二〇二一年）
薄田大輔「合戦図における絵画表現の深化と多様化」（中根千絵・薄田大輔編『合戦図　描かれた〈武〉』勉

誠出版、二〇二一年）
薄田大輔「長篠・長久手合戦図屏風再考　絵画史研究の視点から」（『金鯱叢書』五〇、二〇二三年）
大西泰正『前田利家・利長　創られた「加賀百万石」伝説』平凡社、二〇一九年
押上森蔵『押上森蔵経歴』大名田町、一九二六年
金子常規『兵器と戦術の世界史』中公文庫（中央公論新社）、二〇一三年（初刊一九七九年）
金子拓『織田信長という歴史　『信長記』の彼方へ』勉誠出版、二〇〇九年
金子拓『記憶の歴史学　史料に見る戦国』講談社選書メチエ（講談社）、二〇一一年
金子拓『織田信長〈天下人〉の実像』講談社現代新書（講談社）、二〇一四年
金子拓「東京国立博物館所蔵長篠合戦図屏風について」（『東京大学史料編纂所附属画像史料解析センター通信』七一、二〇一五年）
金子拓「『信長記』と美濃」（岐阜県博物館「天下人の時代―信長・秀吉・家康と美濃―」展図録、二〇一五年）
金子拓「長篠の戦い後の織田信長と本願寺」（『白山史学』五三、二〇一七年）
金子拓『鳥居強右衛門　語り継がれる武士の魂』平凡社、二〇一八年
金子拓編『長篠合戦の史料学　いくさの記憶』勉誠出版、二〇一八年
金子拓「長篠の戦いにおける武田氏の「大敗」と「長篠おくれ」の精神史」（黒嶋敏編『戦国合戦〈大敗〉の歴史学』山川出版社、二〇一九年）
金子拓『信長家臣明智光秀』平凡社新書（平凡社）、二〇一九年
金子拓「長篠の戦い」（堀新・井上泰至編『信長徹底解読　ここまでわかった本当の姿』文学通信、二〇二〇年）
金子拓『長篠の戦い　信長が打ち砕いた勝頼の〝覇権〟』戎光祥出版、二〇二〇年
金子拓「近代歴史学における織田信長像」（藤田達生編『織田政権と本能寺の変』塙書房、二〇二一年）

河内将芳「(天正三年)五月二十二日織田信長黒印状写」(『奈良史学』三七、二〇二〇年)
神田千里『戦国時代の自力と秩序』吉川弘文館、二〇一三年
神田千里『織田信長』ちくま新書(筑摩書房)、二〇一四年
木下聡「長篠合戦における戦死者の推移について」(金子編『長篠合戦の史料学 いくさの記憶』前掲)
黒嶋敏『戦国の〈大敗〉古戦場を歩く なぜ、そこは戦場になったのか』山川出版社、二〇二二年
黒田智「「四戦」という徳川のロア」(堀新・井上泰至編『家康徹底解読 ここまでわかった本当の姿』文学通信、二〇二三年)
黒田基樹『家康の正妻築山殿 悲劇の生涯をたどる』平凡社新書(平凡社)、二〇二二年
桑田忠親・岡本良一・武田恒夫編『戦国合戦絵屏風集成第一巻 川中島合戦図・長篠合戦図』中央公論社、一九八〇年
小口康仁「成瀬家本「長篠合戦図屏風」における図様形成の一考察―絵図から屏風へ―」(『日本近世美術研究』三、二〇二〇年)
小口康仁「「長篠合戦図屏風」の展開」(中根千絵・薄田大輔編『合戦図 描かれた〈武〉』勉誠出版、二〇二一年)
小林芳春編『徹底検証 長篠・設楽原の戦い』吉川弘文館、二〇〇三年
酒井憲二編著『甲陽軍鑑大成 研究篇』汲古書院、一九九五年
坂口太郎『大正・昭和戦前期における徳富蘇峰と平泉澄:その史学史的考察』(北九州市立松本清張記念館編『第19回松本清張研究奨励事業研究報告書』、二〇一九年)
笹本正治『武田信玄 伝説的英雄像からの脱却』中公新書(中央公論社)、一九九七年
佐藤堅司『日本武学史』大東書館、一九四二年
参謀本部第四部編纂『日本戦史 長篠役』一九〇三年
柴辻俊六・平山優・黒田基樹・丸島和洋編『武田氏家臣団人名辞典』東京堂出版、二〇一五年

柴裕之『戦国・織豊期大名徳川氏の領国支配』岩田書院、二〇一四年
柴裕之『徳川家康　境界の領主から天下人へ』平凡社、二〇一七年
白水正「長篠合戦図屛風の人名表記について」(『(公益財団法人犬山城白帝文庫)研究紀要』一〇、二〇一六年)
新行紀一「岡崎城主徳川信康」(柴裕之編『シリーズ・織豊大名の研究10　徳川家康』戎光祥出版、二〇二二年、初出一九八九年)
新城市設楽原歴史資料館編『古戦場は語る　長篠・設楽原の戦い』風媒社、二〇一四年
鈴木眞哉『鉄砲隊と騎馬軍団　真説・長篠合戦』洋泉社新書y(洋泉社)、二〇〇三年
須磨千頴「『小牧長久手合戦図屛風』解説」(長久手町史編さん委員会編『長久手町史』本文編・付図、二〇〇三年)
太向義明『長篠の合戦—虚像と実像のドキュメント—』山梨日日新聞社出版局、一九九六年
高橋修「『甲陽軍鑑』と山本勘助—甲州流軍学による解釈と造形—」(山梨県立博物館ほか「風林火山　信玄・謙信、そして伝説の軍師」展図録、二〇〇七年)
高橋修『戦国合戦図屛風の歴史学』勉誠出版、二〇二一年
高柳光壽『戦国戦記　長篠之戦』春秋社、一九六〇年
田中義成『織田時代史』講談社学術文庫(講談社)、一九八〇年(初刊一九二四年)
谷口克広『織田信長家臣人名辞典第二版』吉川弘文館、二〇一〇年
谷口央「近世社会の中の長篠の戦い—鳶巣砦攻撃の発案者から見る一試論—」(金子編『長篠合戦の史料学　いくさの記憶』前掲)
致道博物館編「徳川家康と酒井忠次」展図録、二〇二三年
徳川美術館編「合戦図　もののふたちの勇姿を描く」展図録、二〇一九年
徳富猪一郎(蘇峰)『近世日本国民史　織田氏時代』(中篇・後篇)民友社、一九一九年

ジェフリ・パーカー（大久保桂子訳）『長篠合戦の世界史　ヨーロッパ軍事革命の衝撃　1500〜1800年』同文館出版、一九九五年
原史彦「長篠・長久手合戦図屏風の製作背景」（『金鯱叢書』三六、二〇一〇年）
平野仁也『江戸幕府の歴史編纂事業と創業史』清文堂出版、二〇二〇年
平山優「長閑斎考」（『戦国史研究』五八、二〇〇九年）
平山優『敗者の日本史9　長篠合戦と武田勝頼』吉川弘文館、二〇一四年
平山優『検証長篠合戦』吉川弘文館、二〇一四年
平山優『新説　家康と三方原合戦　生涯唯一の大敗を読み解く』NHK出版新書（NHK出版）、二〇二二年
平山優『図説武田信玄　クロニクルでたどる〝甲斐の虎〟』戎光祥出版、二〇二二年
藤田達生・福島克彦編『明智光秀　史料で読む戦国史』八木書店、二〇一五年
藤田達生『戦国日本の軍事革命　鉄炮が一変させた戦場と統治』中公新書（中央公論新社）、二〇二二年
藤本正行『信長の戦争　『信長公記』に見る戦国軍事学』講談社学術文庫（講談社）、二〇〇三年（元版一九九三年）
藤本正行『長篠の戦い　信長の勝因・勝頼の敗因』洋泉社歴史新書y（洋泉社）、二〇一〇年
藤本正行『桶狭間の戦い　信長の決断・義元の誤算』洋泉社歴史新書y（洋泉社）、二〇一〇年
藤本正行『再検証長篠の戦い　「合戦論争」の批判に答える』洋泉社、二〇一五年
ルイス・フロイス（岡田章雄訳注）『ヨーロッパ文化と日本文化』岩波文庫（岩波書店）、一九九一年
堀新「徳川史観と織豊期政治史」（『民衆史研究』八九、二〇一五年）
本多隆成『定本徳川家康』吉川弘文館、二〇一〇年
丸島和洋『武田勝頼　試される戦国大名の「器量」』平凡社、二〇一七年
宮脇俊三『室町戦国史紀行』講談社文庫（講談社）、二〇〇三年（初刊二〇〇〇年）
村井祐樹『六角定頼　武門の棟梁、天下を平定す』ミネルヴァ書房、二〇一九年

村岡幹生『戦国期三河松平氏の研究』岩田書院、二〇二三年
村岡ゆかり「「長篠合戦図屏風」武将の対比画像」(『東京大学史料編纂所附属画像史料解析センター通信』九四、二〇二一年)
柳沢昌紀「甫庵『信長記』初刊年再考」(『近世文藝』八六、二〇〇七年)
湯浅大司「長篠・設楽原古戦場論」(金子編『長篠合戦の史料学　いくさの記憶』前掲)
渡辺世祐「鉄砲利用の新戦術と長篠戦争」(渡辺世祐『国史論叢』文雅堂書店、一九五六年、初出一九三八年)

小説・マンガ

阿部高明・荘司としお『漫画版日本の歴史6　安土桃山時代・江戸時代Ⅰ』集英社文庫(集英社)、二〇〇七年(初刊一九九八年)
石ノ森章太郎『新装版　マンガ日本の歴史13　織田信長と関白秀吉』中公文庫(中央公論新社)、二〇二一年(初刊一九九一年)
司馬遼太郎『国盗り物語(四)』新潮文庫(新潮社)、一九七一年
新田次郎『新装版　武田勝頼(二)　水の巻』講談社文庫(講談社)、二〇〇九年
山岡荘八『徳川家康(七)』山岡荘八歴史文庫(講談社)、一九八七年
山岡荘八『織田信長(五)』山岡荘八歴史文庫(講談社)、一九八七年
吉川英治『新書太閤記(五)』吉川英治歴史時代文庫(講談社)、一九九〇年

刊本史料集

『永青文庫叢書　細川家文書　中世編』(熊本大学文学部附属永青文庫研究センター編、吉川弘文館、二〇一〇年)

『甲子夜話』5（中村幸彦・中野三敏校訂、平凡社〈東洋文庫〉、一九七八年）
『寛永諸家系図伝』（続群書類従完成会）
『寛政重修諸家譜』（続群書類従完成会・八木書店）
『記録御用所本古文書』上・下（下山治久編、東京堂出版、二〇〇〇年・二〇〇一年）
『甲陽軍鑑大成』影印篇／本文篇／索引篇（酒井憲二編、汲古書院、一九九四年・一九九七年・一九九八年）
『御当家紀年録』（児玉幸多編、集英社、一九九八年）
『侍中由緒帳』（彦根城博物館編、彦根市教育委員会、一九九四年〜）
『戦国遺文武田氏編』（柴辻俊六・黒田基樹・丸島和洋編、東京堂出版、二〇〇二〜二〇〇六年）
『増訂　織田信長文書の研究（第二刷）』上・下／補遺・索引（奥野高広、吉川弘文館、一九九四年）
『大泉叢誌』二（『御系譜参考』収録）（致道博物館編、二〇一四年）
『朝野旧聞裒藁』（史籍研究会編、汲古書院、一九八二〜一九八四年）
『武家事紀（覆刻）』（原書房、一九八二年・一九八三年、初刊一九一五年）
『武功雑記』（近藤瓶城編『改定史籍集覧　十』近藤出版部、一九〇一年）
『三河記　松平十郎左衛門覚書　全』（岡崎市立中央図書館古文書翻刻ボランティア会編、岡崎市立中央図書館、二〇一七年）
『三河物語』研究・釈文篇／影印篇（中田祝夫編、勉誠社、一九七〇年）
『綿考輯録』第二巻（石田晴男・今谷明・土田將雄編、出水神社、一九八八年）

自治体史

『愛知県史』資料編11・14／通史編3（愛知県史編さん委員会編、二〇〇三年・二〇一四年・二〇一八年）
『静岡県史』資料編8（静岡県、一九九六年）
『新編安城市史』1（安城市史編集委員会、二〇〇七年）

『新編岡崎市史』2（新編岡崎市史編集委員会、一九八九年）
『新編西尾市史』通史編1（新編西尾市史編さん委員会、二〇二二年）
『山梨県史』資料編4・5（山梨県、一九九九・二〇〇五年）

教科書類

『高校日本史B新訂版』実教出版
『詳説日本史B』山川出版社
『新選日本史B』東京書籍
『日本史用語集 改訂版』山川出版社

辞典類

『日本史大事典』平凡社、一九九三年

ウェブ

ジャパンナレッジ（『国史大辞典』『日本国語大辞典第二版』『日本歴史地名大系』）
e国宝（国立文化財機構所蔵国宝・重要文化財）
国土地理院ホームページ・地理院地図
高精度計算サイト「keisan」
しずおか文化財ナビ
文化庁・国指定文化財等データベース
東京大学史料編纂所・国立国会図書館・国立公文書館・国文学研究資料館の各種データベース

地図作成　ケー・アイ・プランニング

金子 拓（かねこ・ひらく）

1967年（昭和42年），山形県に生まれる．東北大学文学部卒業後，同大学大学院に進み，文学研究科博士課程後期修了．博士（文学）．現在，東京大学史料編纂所教授．専門分野は日本中世史．

著書『中世武家政権と政治秩序』（吉川弘文館）
『織田信長という歴史』（勉誠出版）
『記憶の歴史学』（講談社選書メチエ）
『織田信長〈天下人〉の実像』（講談社現代新書）
『織田信長権力論』（吉川弘文館）
『裏切られ信長』（河出文庫）
『戦国おもてなし時代』（淡交社）
『鳥居強右衛門』（平凡社）
『長篠合戦の史料学』（編，勉誠出版）
『信長家臣明智光秀』（平凡社新書）
『長篠の戦い』（戎光祥出版）

長篠合戦《ながしのかっせん》

中公新書 *2785*

2023年12月25日発行

著　者　金子　拓
発行者　安部順一

本文印刷　三晃印刷
カバー印刷　大熊整美堂
製　　本　小泉製本

発行所　中央公論新社
〒100-8152
東京都千代田区大手町 1-7-1
電話　販売 03-5299-1730
　　　編集 03-5299-1830
URL https://www.chuko.co.jp/

Published by CHUOKORON-SHINSHA, INC.
Printed in Japan　ISBN978-4-12-102785-6 C1221